Cocinar hoy...

Sopas y guisos, arroces y pastas

OCEANO

Es una obra de

GRUPO OCEANO

Dirección General de Ediciones
Carlos Gispert

Recetas, Cocina y Estilismo
Itos Vázquez

Fotografías
Fernando Ramajo

Coordinación Editorial
Ángel de Miguel

Maquetación y Diseño
Lili Mínguez, Esther Mosteiro,
Rocío T. Notario

Portada
Gilber Schneider

Milanesat, 21-23
EDIFICIO OCEANO
08017 Barcelona (España)
Tel.: 93 280 20 20* - Fax: 93 204 10 73
www.oceano.com
e-mail: librerias@oceano.com

ISBN: 970-777-047-3

Depósito Legal: B-8148-XLVIII

9001707010405

CORRECCIÓN DE LOS TIEMPOS DE COCCIÓN SEGÚN LA ALTITUD

ALTITUD	TEMPERATURA DE EBULLICIÓN DEL AGUA	CORRECCIÓN POR HORA DE COCCIÓN
+1500	97º C	+3 minutos
+2000	96º C	+4 minutos
+2500	95º C	+5 minutos
+3000	94º C	+7 minutos

Nota: Estos valores son aproximados y pueden variar ligeramente debido al clima local de cada región.

INTRODUCCIÓN

Las recetas que componen este volumen están agrupadas en tres secciones. En la primera, sopas y guisos, hemos recopilado exquisitos platos, procedentes de todos los rincones del planeta, que pueden ser desde un ligero comienzo, hasta una comida completa, en el caso de los guisos más contundentes.

En la segunda parte, el apartado de arroces les proporcionará un sinfín de ideas para que pueda realizar sabrosos y novedosos platos, utilizando como base este popular producto.

En la última sección nos encontraremos con un amplio abanico de deliciosas preparaciones basadas en la pasta italiana. Todas las recetas admiten que se les incorpore algún elemento adicional al gusto de cada uno, como puede ser uno o más tipos de chiles, pero hemos querido dejar esta operación al criterio de quien elabore la receta.

Quiero señalar que, cuando se dan tiempos de cocción, éstos calculados para lugares que no sobrepasen los 1 000 metros de altitud, por lo que si el lugar en el que está cocinando sobrepasa dicha altura, deberá corregir los tiempos indicados, para lo que, aparte de su experiencia, puede guiarse siguiendo la tabla de la página anterior.

Estoy segura de que usted disfrutará, junto a su familia y sus amigos, de esta exquisita selección de recetas.

Itos Vázquez

Sopas y guisos

Las sopas y las legumbres han consituido siempre uno de los entrantes tradicionales en las comidas de todos los hogares. Casi todas las recetas de este libro son para consumir calientes, pero hay algunas pocas, casi siempre originarias de zonas cálidas, que se preparan y se toman frías. Debemos diferenciar claramente las sopas de las cremas.

En las primeras, el caldo es el elemento de mayor importancia, mientras que en las segundas, aunque puede formar parte de la composición, son las hortalizas y las legumbres las protagonistas indiscutibles.

En la preparación de los caldos es evidente que los resultados dependerán de la calidad y la cantidad de los ingredientes utilizados en la preparación. También es muy importante el tiempo de cocción y la temperatura del agua. Los platos cocinados usando la olla a presión pueden resultar menos sabrosos, pero el contenido vitamínico será siempre muy superior al que se obtiene tras largas horas de cocción con los procedimientos tradicionales. Por otro lado, si se utiliza la olla a presión, se debe moderar la cantidad de sal y de especias, pues su sabor resulta mucho más acusado.

Para la preparación de buenos caldos y sopas, es imprescindible contar con los utensilios adecuados, los cuales, por otra parte, suelen estar presentes en la mayoría de la cocinas. Las ollas, por ejemplo, deben ser suficientemente amplias para que los elementos a cocinar no se encuentren comprimidos, y en lo posible deben ser de

materiales de cierta robustez, como el acero o el hierro colado. Los recipientes de aluminio tienden a usarse cada vez menos, pues aunque tienen la ventaja de pesar poco, los resultados no pueden compararse. Los de vidrio tratado proporcionan igualmente buenos resultados, aunque es necesario vigilar la temperatura de cocción, una vez se ha alcanzado el punto de ebullición, reduciendo ésta al mínimo.

Los robots de cocina son también auxiliares importantes en la preparación de sopas y cremas, pues suelen facilitar enormemente la labor de trocear, rallar y batir los múltiples ingredientes que componen una buena sopa.

Otro instrumento fundamental es la espumadera, indispensable a la hora de retirar la espuma grisácea que se forma en la superficie del caldo, sobre todo en las preparaciones que incluyen huesos entre sus ingredientes.

El caldo que se obtenga, bien sea de carne, ave, pescado, hortalizas o de varios ingredientes a la vez, se debe colar antes de utilizarse en la posterior preparación de sopas o de cremas.

Según las tendencias actuales de alimentación, es recomendable desengrasar los caldos y clarificarlos para obtener una presentación más esmerada.

Para la preparación de las cremas, en ocasiones es aconsejable ligar los caldos, para lo que existen diferentes procedimientos. Uno de los más utilizados consiste en batir 2 yemas de huevo con 4 cucharadas de nata (para 1 litro de sopa) y a continuación mezclar bien con 6 cucharadas del caldo que se quiere ligar. Seguidamente, se retira la cazuela del fuego y se incorpora la mezcla obtenida sin dejar de batir. Se vuelve a poner la cazuela al fuego muy bajo y se sigue batiendo hasta que espese. Otra forma muy utilizada es la llamada "velouté" o terciopelo. Consiste en picar muy finamente una cebolla y rehogarla en 2 cucharadas de aceite hasta que empiece a quedar transparente. A continuación se incorporan 2 cucharadas de harina y se continúa cocinando a fuego muy bajo hasta que la harina empiece a tostarse. Se añade 1/2 taza de caldo a este sofrito y se cocina a fuego lento durante 8 o 10 minutos. Mientras tanto, se pone 1 taza de nata líquida en un recipiente y se cocina a fuego lento hasta que quede reducida a la mitad de su volumen. Se aparta del fuego y cuando se haya enfriado un poco, se incorpora una yema batida sin dejar de remover. Se mezcla todo con el sofrito preparado, se agrega a la sopa a través de un chino o un pasapurés y se remueve, con el fuego muy bajo, hasta que esté todo mezclado y comience a espesar.

Cuando en la preparación de cremas se utilicen legumbres, es preferible usar el pasapurés en lugar de una batidora por muy potente que ésta sea, pues los hollejos son indigestos y provocan las incómodas flatulencias que siempre se atribuyen a las legumbres.

Para la preparación de las legumbres, es aconsejable lavarlas varias veces para que desaparezcan las simientes vanas y la suciedad que a veces las acompañan. La cocción debe empezarse con agua fría, pues si se sumergen en agua hirviendo se produce un proceso de coagulación de las proteínas y las legumbres se ponen duras. Es inútil cocerlas después durante largo tiempo, pues no llegan a quedar tiernas y jugosas.

Las legumbres más utilizadas son las judías secas, las lentejas, los garbanzos, los guisantes y, en algunos casos, la soja, producto que se extiende poco a poco.

Se trata de alimentos ricos en proteínas, carbohidratos, vitaminas y minerales, lo que unido a su riqueza en fibra los convierte en un plato muy completo.

Los garbanzos, de los que se pueden encontrar diferen-

tes variedades, poseen grandes cantidades de potasio, calcio, fósforo y magnesio, y tienen un porcentaje significativo de vitamina A y algo menor de vitamina C.

Se consumen siempre cocidos, y deberá ponerlos previamente en remojo durante un período superior a las 12 horas. El tiempo de conservación, desde la cosecha, no deberá ser más de un año y, al igual que con el resto de las legumbres, los envases deberán llevar la fecha de caducidad.

Aparte de que con esta legumbre se pueden preparar múltiples variedades de guisos, el garbanzo es un magnífico componente para purés.

Los guisantes, que se consumen también tiernos, tienen multitud de aplicaciones una vez secos. Generalmente, se expenden partidos en dos y desprovistos de la envoltura de celulosa. Son excelentes en la preparación de sopas y purés, contribuyen con un aporte energético de 350 calorías por cada 100 g de alimento, y poseen una estimable cantidad de proteínas, potasio y fósforo. También suelen utilizarse como guarnición, cocidos y sin remojarlos previamente, pero para este menester es preferible la utilización del guisante fresco.

Las judías o alubias son de extraordinaria riqueza alimenticia, con valores superiores de contenido mineral y vitamínico al garbanzo.

Su origen se encuentra en América y, sin duda, fueron traídas a Europa por los españoles en los albores del siglo XVI.

Las judías se encuentran dentro de unas vainas: cuando están todavía tiernas reciben el nombre de judías verdes, consideradas como una de las hortalizas más apreciadas, que al madurar se secan y se convierten en lo que conocemos como judías, frijoles o alubias.

Existen muchísimas variedades de judías, y su nombre varía dependiendo de la región en la que se producen: tenemos fabas, fabes, pochas, fríjol, fréjol y habichuela entre muchas otras.

Las judías requieren un tiempo de remojo previo, salvo en el caso de que sean muy recientes, lo cual es difícil de saber a no ser que el proveedor sea de confianza y nos asegure que han sido recogidas hace poco. En caso contrario, el período de remojo deberá ser de 10 o 12 horas aproximadamente. Las judías son también un ingrediente delicioso a la hora de preparar purés. También es posible consumirlas frías o templadas, por ejemplo en ensalada.

Las lentejas son ricas en minerales, incluido el hierro, que por el contrario de lo que usualmente se cree, no se encuentra en mayor cantidad en las lentejas que en las otras legumbres. El contenido vitamínico es, sin embargo, algo menor en esta legumbre que en los garbanzos o las judías.

Las mejores recetas

Crema de zanahorias

Ingredientes para 4 personas:

500 g de zanahorias troceadas
25 g de mantequilla
1 cebolla mediana, picada
3 dientes de ajo
800 ml de caldo de carne (puede ser de cubito)
200 ml de nata (crema de leche) líquida
Sal y pimienta

Derrita la mantequilla en una cacerola y rehogue la cebolla y los ajos hasta que estén transparentes.

A continuación, agrégueles las zanahorias y rehóguelas a fuego lento durante 10 minutos. Rocíelas con el caldo, tape la cacerola y cocine todo junto 30 minutos.

Seguidamente, retire el preparado del fuego, déjelo enfriar y pase todo por la batidora. Sazónelo con sal y pimienta. Bata la mitad de la nata y agréguela al puré de zanahoria, para que quede más suave. Déjelo enfriar en el frigorífico durante unas horas.

Por último, vierta la crema en cuencos individuales, ponga en cada uno un poco de nata y decórelos con unas hojitas de cebollino o perejil.

> Esta crema se puede servir con tiritas de salmón o trucha ahumados o con jamón serrano picado.

Tiempo de realización: 45 minutos	Calorías por ración: 288

Sopa de mejillones

Ingredientes para 4 personas:

✓ *1 kg de mejillones*
✓ *4 cucharadas de aceite*
✓ *1 cebolla picada*
✓ *3 tomates (jitomates) pelados y picados*
✓ *3 rebanadas de pan tostadas*
✓ *1 copita de aguardiente*
✓ *2 dientes de ajo*
✓ *Un trocito de canela en rama*
✓ *Unas hojas de perejil*
✓ *Sal y pimienta*

1

2

3

Limpie los mejillones, eliminando las barbas y lavándolos con agua fría. Póngalos en una cazuela, añada un poco de agua y deje que se abran a fuego vivo. Cuando se hayan abierto, retírelos del fuego y escúrralos, reservando aparte el líquido que hayan soltado. Retire los mejillones de las valvas, reservando unos cuantos en las mismas para la decoración (1).

A continuación, caliente el aceite en una cazuela y fría la cebolla, incorpore los tomates, el líquido de cocción de los mejillones previamente filtrado y un litro de agua. Al comenzar la ebullición, añada las rebanadas de pan y el aguardiente y cocine todo durante unos minutos hasta que el pan se haya ablandado. Retire el preparado del fuego y bátalo con ayuda de una batidora eléctrica hasta obtener un puré homogéneo (2). Incorpore los mejillones y cocine todo de nuevo a fuego muy lento.

Por último, machaque en un mortero los ajos junto con la canela, el perejil, sal y pimienta y vierta este majado sobre la sopa (3), removiendo para mezclar bien. Sírvala muy caliente, decorada con los mejillones reservados.

Tiempo de realización: 40 minutos	Calorías por ración: 387

Sopa de flanecitos a las hierbas

Ingredientes para 6 personas:

1 kg de gallina para el caldo
1 cebolla
1 hoja de laurel
1 clavo de olor
2 nabos (coyocho, papanabo)
2 zanahorias
2 huevos
1 cucharada de perejil picado
1 cucharada de aceite
1 cucharada de mantequilla
100 g de champiñones (hongos, setas) lavados y cortados en láminas
Sal y pimienta

Ponga una olla al fuego con la gallina, la cebolla, el laurel, el clavo de olor, los nabos, las zanahorias y sal. Tápela y cocine todo a fuego lento durante 1 hora y 30 minutos.

Mientras tanto, bata los huevos y agrégueles la mitad del perejil y sal y pimienta. Engrase un molde con aceite, vierta en él los huevos batidos y cocínelos al baño María hasta que estén cuajados. Desmóldelos y córtelos en cuadraditos.

A continuación, derrita la mantequilla y saltee los champiñones durante 10 minutos.

Por último, deshuese la gallina y ponga 1/4 de la misma en una sopera con los champiñones, los flanecitos y el perejil. Incorpore el caldo de gallina y sirva la sopa bien caliente.

Tiempo de realización: 1 hora 40 minutos — Calorías por ración: 113

Sopa china

Ingredientes para 4 personas:

25 g de setas chinas secas
2 cucharadas de aceite
3 cebolletas (cebolla larga) picadas
1 cucharadita de maicena (fécula de maíz)
1/2 cucharadita de curry en polvo
750 ml de caldo de ave
16 mazorquitas (choclo, elote) enanas de lata
1 huevo
Sal y pimienta

Ponga las setas en remojo durante 15 minutos en agua caliente, cambiándola varias veces.

A continuación, caliente el aceite en una cazuela y rehogue las cebolletas durante unos minutos. Incorpore la maicena, el curry y las setas, rehogue todo ligeramente, agregue el caldo y cocínelo a fuego lento con la cazuela tapada durante 10 minutos.

Seguidamente, añada las mazorquitas, sal y pimienta y cocine todo durante 3 o 4 minutos más.

Por último, bata el huevo e incorpórelo a la sopa, en forma de hilo fino y revolviendo rápidamente para que se cuaje. Sirva la sopa inmediatamente.

En lugar de setas puede utilizar champiñones frescos, congelados o de lata.

Tiempo de realización: 30 minutos	Calorías por ración: 164

Crema de remolacha

Ingredientes para 4 personas:
200 g de remolacha (betabel) pelada y troceada
2 cucharadas de mantequilla
2 zanahorias cortadas en rodajas
1 cebolla picada
1 patata (papa) mediana, pelada y troceada
2 dientes de ajo
2 l de agua
1 hoja de laurel
1 ramita de tomillo
4 cucharadas de nata (crema de leche) líquida
Sal y pimienta

Derrita la mantequilla en una cacerola al fuego y rehogue a fuego lento la remolacha junto con las zanahorias, la cebolla, la patata y los ajos, durante 15 minutos.

A continuación, incorpore el agua, el laurel y el tomillo. Sazone el preparado con sal y pimienta y cocine todo durante 40 minutos o hasta que las verduras estén bien tiernas.

Seguidamente, retire el laurel y el tomillo y pase todo por la batidora hasta formar un puré. Déjelo enfriar en el frigorífico.

Por último, reparta la crema en cuencos individuales y sírvala con la nata por encima.

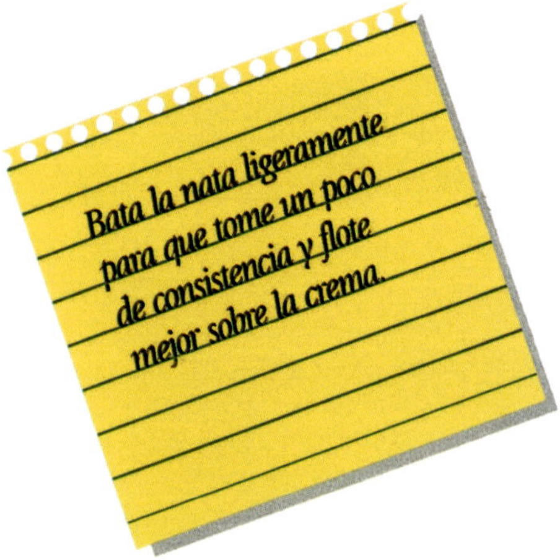

Tiempo de realización: 1 hora	Calorías por ración: 149

Gazpacho andaluz

Ingredientes para 4 personas:
✓ *750 g de tomates (jitomates) maduros*
✓ *1/2 pepino (cohombro)*
✓ *1 pimiento (pimentón) verde, pequeño*
✓ *1 diente de ajo*
✓ *La miga de 1 rebanada de pan*
✓ *3 cucharadas de vinagre*
✓ *4 cucharadas de aceite*
✓ *Sal*

1

Para la guarnición:
✓ *1 tomate (jitomate)*
✓ *1 pepino (cohombro)*
✓ *1 pimiento (pimentón) verde*
✓ *1 cebolla pequeña*
✓ *1 huevo duro*
✓ *2 rebanadas de pan*

2

3

Lave y trocee los tomates, quitándoles las semillas. Pele el pepino y córtelo en trozos. Abra el pimiento, retire las semillas y las venas blancas y trocéelo.

A continuación, vierta todo en el vaso de la batidora **(1)** y tritúrelo hasta formar un puré. Empape la miga de pan con el vinagre e incorpórela a la batidora junto con el aceite y sal. Bata todo de nuevo hasta formar una crema homogénea.

Seguidamente, pase el gazpacho por el pasapurés para eliminar las pielecillas de los tomates y del pimiento **(2)** y dependiendo de si le gusta el gazpacho más o menos líquido, agréguele agua muy fría o cubitos de hielo. Introdúzcalo en el frigorífico hasta el momento de servir.

Por último, pele todos los ingredientes de la guarnición y píquelos en daditos, por separado **(3)**. Coloque cada uno en un platito y sirva el gazpacho con ellos en una bandeja aparte, para que cada comensal se sirva.

Tiempo de realización: 20 minutos **Calorías por ración: 214**

Sopa de tomate con judías

Ingredientes para 6 personas:

1 1/2 kg de tomates (jitomates) maduros, pelados y picados
500 g de judías (alubias, caraotas, frijoles) blancas, cocidas
2 cucharadas de aceite
1 cebolla grande, picada
1 hoja de laurel
1 ramita de tomillo
1 l de caldo
Sal y pimienta

Caliente el aceite en una cacerola y rehogue la cebolla hasta que esté transparente.

A continuación, añada los tomates, el laurel y el tomillo, y sazone todo con sal y pimienta. Tape la cacerola y cocine el preparado a fuego lento durante 20 minutos, revolviendo de vez en cuando.

Seguidamente, incorpore el caldo y, cuando hierva, tape y cocine todo a fuego lento durante 15 minutos.

Por último, agregue las judías y cocine todo junto durante 5 minutos. Rectifique la sazón y sirva la sopa caliente decorándola al gusto.

> Si quiere espesar un poco la sopa, aplaste unas cuantas judías con un tenedor y disuelva el puré obtenido en la sopa.

Tiempo de realización: 45 minutos	Calorías por ración: 298

Ajo blanco

Ingredientes para 4 personas:

2 cucharadas de nueces peladas o almendras crudas
1 diente de ajo pelado
20 g de miga de pan
1 taza de aceite de oliva
2 cucharadas de vinagre
500 ml de agua
250 g de uvas peladas y sin semillas
Sal

Ponga las nueces o las almendras en la batidora. Agregue el ajo y la miga de pan, ligeramente remojada en agua. Bata todo bien y añada el aceite, el vinagre y sal. Bátalo de nuevo hasta que la mezcla quede homogénea.

A continuación, incorpore el agua muy fría, bata todo de nuevo y viértalo en cuencos individuales.

Seguidamente, incorpore las uvas e introdúzcalo en el frigorífico hasta el momento de servir.

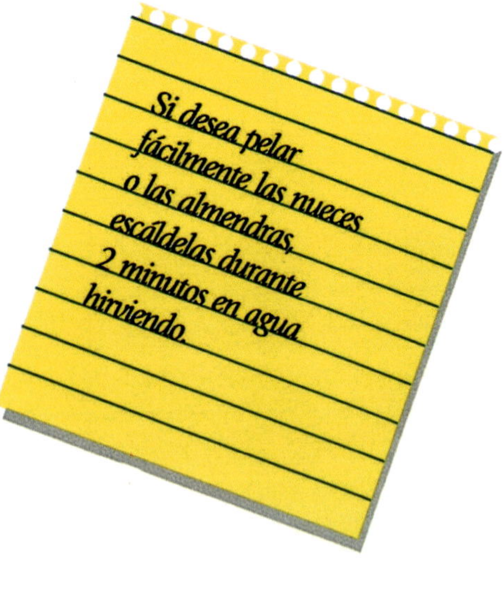

Tiempo de realización: 15 minutos	Calorías por ración: 326

Sopa de mayonesa

Ingredientes para 4 personas:
150 g de gambas (camarones)
100 g de almejas (pepitonas)
100 g de rape
5 cucharadas de mayonesa
750 ml de caldo de pescado
100 g de patata (papa) cocida y picada
Sal

Cocine las gambas en una cacerola con 1 taza de agua durante 1 minuto. Cuele el caldo y resérvelo. Pele las gambas y resérvelas.

A continuación, abra las almejas en otro recipiente con 1/2 taza de agua. Cuele el caldo y resérvelo con el anterior. Reserve las almejas.

Seguidamente, repita la operación con el rape, cuele el caldo y resérvelo junto con los otros caldos. Desmenuce el pescado y resérvelo.

Por último, ponga la mayonesa en una sopera y vaya añadiendo, poco a poco, el caldo, sin parar de removerlo, hasta que todo esté bien ligado. Rectifique la sazón, agregue las gambas, la patata, las almejas y el rape y sirva la sopa.

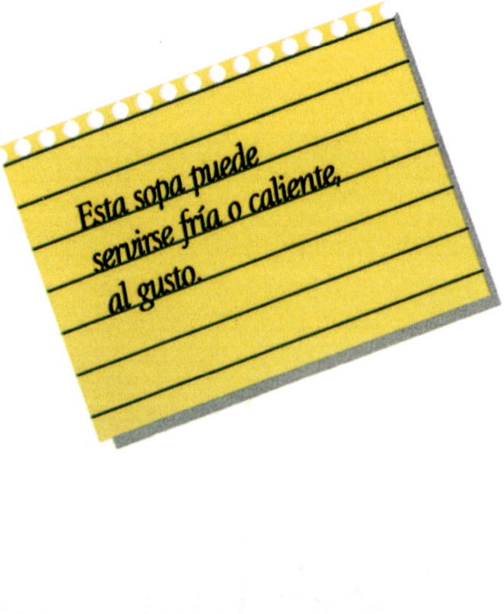

Tiempo de realización: 15 minutos **Calorías por ración: 273**

Sopa de espinacas

Ingredientes para 4 personas:

350 g de espinacas
2 cucharadas de mantequilla
1 1/2 cucharadas de harina
4 tazas de caldo de carne
4 rebanadas de pan cortadas en daditos
Aceite para freír
1 pizca de nuez moscada
8 cucharadas de nata (crema de leche) líquida
1 yema de huevo batida
Sal y pimienta

Lave bien las espinacas y cocínelas en agua hirviendo con sal, durante 10 minutos. Escúrralas bien y píquelas.

A continuación, derrita la mantequilla en una cacerola y sofría ligeramente la harina, revolviéndola bien para que no salgan grumos. Agregue el caldo, poco a poco, sin dejar de revolver para que no queden grumos e incorpore las espinacas reservadas. Cocine todo durante 15 minutos, revolviendo de vez en cuando.

Mientras tanto, caliente abundante aceite y fría los daditos de pan hasta que estén dorados.

Seguidamente, sazone la sopa con la nuez moscada, sal y pimienta e incorpore la nata.

Por último, retírela del fuego, añada la yema, mezcle todo bien y sirva la sopa con los daditos de pan frito.

Tiempo de realización: 35 minutos	Calorías por ración: 344

Sopa seca

Ingredientes para 4 personas:

- ✓ *5 cucharadas de aceite*
- ✓ *1 cebolla grande, picada*
- ✓ *3 dientes de ajo picados*
- ✓ *400 g de tomates (jitomates) pelados y picados*
- ✓ *200 g de repollo (col) picado*
- ✓ *100 g de judías verdes (ejotes, habichuelas)*
- ✓ *1 taza de caldo de verduras*
- ✓ *100 g de guisantes (arvejas, chícharos)*
- ✓ *200 g de coliflor cortada en ramitos*
- ✓ *1 cucharada de pimentón dulce en polvo*
- ✓ *150 g de rebanadas finas de pan*
- ✓ *Sal*

1

2

3

Caliente el aceite en una cacerola al fuego y rehogue la cebolla hasta que esté transparente. Añada los ajos y los tomates **(1)** y fría todo a fuego lento durante 5 minutos.

A continuación, agregue el repollo, las judías y el caldo y cocine el preparado durante 10 minutos. Incorpore los guisantes, la coliflor, el pimentón **(2)** y sal. Tape la cacerola y cocine todo durante 10 o 15 minutos hasta que esté tierno.

Mientras tanto, ponga las rebanadas de pan en una bandeja refractaria e introdúzcala en el horno al mínimo de potencia y dejando la puerta abierta para que el pan se seque.

Por último, cubra el fondo de una fuente refractaria con las rebanadas de pan **(3)**, vierta sobre ellas las verduras con su líquido e introduzca la fuente en el horno, precalentado a 165° C (325° F), durante 10 minutos.

Tiempo de realización: 45 minutos	Calorías por ración: 319

MALLORCA

Sopa de bonito con pasta

Ingredientes para 4 personas:
300 g de bonito (atún, tuna) fresco, troceado
3 cucharadas de aceite de oliva
2 dientes de ajo prensados
1 cebolla mediana, picada
250 g de champiñones (hongos, setas) cortados en láminas finas
750 ml de caldo de pescado, hirviendo
1 copita de vino blanco, seco (de buena calidad)
Una pizca de estragón molido
2 cucharadas de tomate (jitomate) frito
150 g de fideos
Sal

Caliente el aceite en una cazuela al fuego, añada los ajos y la cebolla y rehóguelos a fuego lento durante 5 minutos o hasta que la cebolla esté transparente.

A continuación, incorpore los champiñones y continúe cocinando todo durante 5 minutos más.

Seguidamente, añada el caldo bien caliente, el vino, el estragón en polvo, el tomate frito y sal al gusto, y cuando comience la ebullición, incorpore los fideos y continúe cocinando todo hasta que estos últimos estén cocidos.

Por último, agregue el bonito, deje que cueza durante 2 minutos solamente y sirva enseguida.

Es importante que el bonito cueza muy poco tiempo, para que no quede reseco. Si los fideos le gustan "al dente", incorpore el bonito cuando les falte muy poco tiempo de cocción.

Tiempo de realización: 20 minutos	Calorías por ración: 300

Crema de verano

Ingredientes para 4 personas:
50 g de mantequilla
La parte blanca de 3 puerros (poros), picada
1 cebolla grande, picada
1 patata (papa) mediana, cortada en rodajas finas
500 ml de caldo
200 ml de nata (crema de leche) líquida
1 cucharada de perejil o cebollino picado
Sal y pimienta blanca

Derrita la mantequilla en una cacerola, añada los puerros y la cebolla y rehóguelos a fuego lento hasta que estén transparentes.

A continuación, agregue la patata, rehóguela muy ligeramente e incorpore el caldo. Sazónelo con sal y pimienta al gusto, tape la cacerola y cocine todo a fuego lento durante 25 minutos o hasta que la patata esté tierna.

Seguidamente, pase todos los ingredientes por la batidora hasta obtener una crema suave y homogénea. Rectifique la sazón, incorpore la nata y bata todo bien.

Por último, introduzca la crema en el frigorífico y sírvala muy fría espolvoreada con el perejil o el cebollino.

Puede añadir también unas cuantas gambas cocidas y peladas o unas tiritas de jamón serrano.

Tiempo de realización: 35 minutos	Calorías por ración: 335

Puré de garbanzos

Ingredientes para 4 personas:

200 g de garbanzos
1 patata (papa) entera, pelada
1 cebolla entera, pelada
2 clavos de olor
1 hoja de laurel
1 ramita (palito) de canela
2 cucharadas de aceite
2 rebanadas de pan cortadas en daditos
Aceite para freír
1 cucharada de perejil picado
Sal

Ponga los garbanzos en remojo el día anterior. Al día siguiente, lávelos bien y póngalos en un colador para que escurran.

A continuación, ponga agua en una olla y cuando hierva, agregue los garbanzos escurridos, la patata, la cebolla con los clavos de olor pinchados en ella, el laurel, la canela y sal. Tape la olla y cocine todo a fuego lento durante 1 1/2 horas o hasta que los garbanzos estén tiernos.

Mientras tanto, caliente el aceite en una sartén y fría los daditos de pan hasta que estén dorados.

Seguidamente, aparte la olla del fuego, retire el laurel y la canela y pase todo por una batidora potente o un pasapurés para desechar los hollejos.

Por último, vierta el puré en una sopera y sírvalo bien caliente decorándolo con el pan frito y el perejil picado.

Tiempo de realización: 1 hora 40 minutos   Calorías por ración: 194

Crema de guisantes

Ingredientes para 4 personas:

- ✓ *1/2 cebolla picada*
- ✓ *400 g de guisantes (arvejas, chícharos)*
- ✓ *4 tazas de caldo*
- ✓ *2 cucharadas de maicena (fécula de maíz)*
- ✓ *1 taza de nata (crema de leche)*
- ✓ *2 rebanadas de pan cortadas en daditos*
- ✓ *Aceite para freír*
- ✓ *Sal y pimienta molida*

1

Vierta un poco de aceite en una sartén, póngala al fuego y sofría la cebolla hasta que esté tierna.

A continuación, cocine los guisantes con el caldo, sal y pimienta, durante 40 minutos.

Seguidamente, viértalos en la batidora con un poco de caldo y la cebolla **(1)** y haga un puré. Añada al puré la maicena previamente disuelta en un poco de agua fría y cuando el puré esté homogéneo, viértalo en una cacerola y cocínelo a fuego lento. Cuando la crema comience a hervir, agregue la nata **(2)** revolviendo constantemente con una cuchara. Cocine todo durante 15 minutos y rectifique la sazón.

Por último, caliente abundante aceite en una sartén al fuego y fría los daditos de pan hasta que estén dorados **(3)**. Sirva la crema con los daditos de pan frito.

2

3

Tiempo de realización: 1 hora	Calorías por ración: 301

Sopa de ajo

Ingredientes para 4 personas:
200 g de pan del día anterior
5 cucharadas de aceite
4 dientes de ajo picados
50 g de jamón picado
1 cucharada de pimentón dulce en polvo
1 1/2 l de agua caliente
4 huevos
Sal

Corte el pan en rebanadas finas y resérvelas.

A continuación, caliente el aceite en una cacerola, agregue los ajos y fríalos hasta que estén doraditos. Añada el pan y el jamón y rehogue todo junto ligeramente.

Seguidamente, retire la cacerola del fuego, incorpore el pimentón, sale y revuelva todo con una cuchara de madera. Añada el agua caliente y ponga la cacerola de nuevo al fuego. Deje que hierva el agua durante 5 minutos.

Por último, reparta la sopa en 4 cuencos individuales, casque un huevo sobre la sopa de cada cuenco con mucho cuidado para que no se rompa, e introdúzcalos en el horno con el gratinador encendido, durante 3 o 4 minutos para que se cuajen los huevos.

Si lo desea, también puede añadirle chorizo picado al mismo tiempo que el jamón o en su lugar.

Tiempo de realización: 15 minutos	Calorías por ración: 430

Sopa de Ajo
de Ajo

Sopa de cebolla

Ingredientes para 4 personas:

300 g de cebollas cortadas en rodajas finas
1 cucharada de mantequilla
2 cucharadas de aceite
80 g de jamón serrano, picado
1 cucharada de harina
1 1/2 l de caldo de carne
1 copa de vino blanco, seco
4 rebanadas de pan
100 g de queso Emmental rallado

Caliente la mantequilla junto con el aceite en una cacerola y rehogue las cebollas a fuego lento hasta que comiencen a tomar color.

A continuación, añada el jamón y la harina, revuélvalo con una cuchara de madera y agregue el caldo y el vino. Deje cocer todo durante 30 minutos.

Seguidamente, reparta la sopa en 4 cuencos de barro y coloque en la superficie de cada uno 1 rebanada de pan. Espolvoréelas con el queso rallado e introduzca los cuencos en el horno con el gratinador encendido, hasta que el queso se derrita y la superficie esté bien dorada.

Cuando fría la cebolla es importante que lo haga a fuego lento para que quede bien hecha por dentro antes de dorarse.

Tiempo de realización: 45 minutos	Calorías por ración: 547

Carne a la boloñesa

Ingredientes para 4 personas:
300 g de carne de ternera (añojo, mamón, novilla) picada
3 cucharadas de aceite
1 cebolla pequeña, picada
2 dientes de ajo picados
2 cucharadas de vino blanco
50 g de champiñones (hongos, setas) picados
250 g de tomate (jitomate) frito
1 cucharadita de orégano
Sal y pimienta

Caliente el aceite en una sartén grande y sofría la cebolla y los ajos hasta que estén ligeramente dorados.

A continuación, agregue la carne y rehóguela removiendo con una cuchara de madera hasta que esté suelta.

Seguidamente, incorpore el vino y cocine todo unos minutos para que se evapore. Añada los champiñones, el tomate, el orégano y sazónelo con sal y pimienta. Revuelva todo bien y cocínelo a fuego lento durante 15 minutos.

Por último, retire la carne del fuego y sírvala con arroz cocido con azafrán, pasta o puré de patatas.

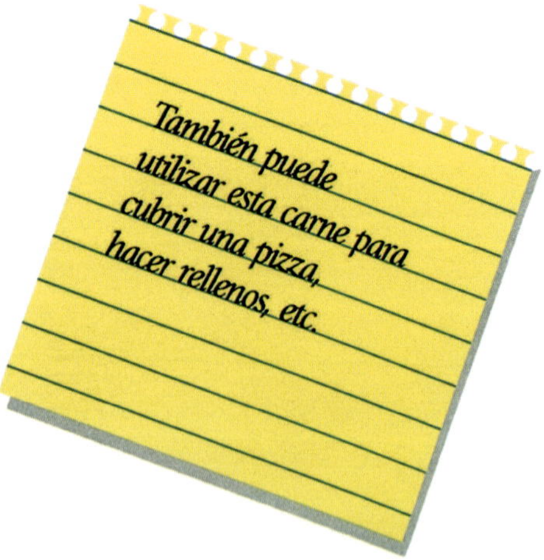

Tiempo de realización: 25 minutos	Calorías por ración: 220

Judías rojas con mano de cerdo

Ingredientes para 6 personas:

400 g de judías (alubias, caraotas, frijoles) rojas
200 g de tocino (tocineta) picado
200 g de mano (pata, pezuña, pie) de cerdo (cochino, chancho) ahumada
1 plátano (banano, cambur) verde, picado
1 cucharadita de cominos
1 taza de tomate (jitomate) frito
1 zanahoria rallada
150 g de calabaza (auyama) pelada y picada
Sal

Ponga las judías en remojo la noche anterior. Cuando las vaya a preparar, escúrralas y viértalas en una olla grande.

A continuación, cúbralas con abundante agua e incorpore a la olla el tocino y la mano de cerdo. Sazone ligeramente, tape y cocine todo a fuego lento durante 1 1/2 horas o hasta que las judías estén tiernas.

Seguidamente, agregue el plátano verde y los cominos y cocine todo durante 20 minutos más.

Por último, incorpore el tomate frito, la zanahoria y la calabaza. Tape la olla de nuevo y cocine las judías hasta que estén en su punto. Sírvalas acompañadas con arroz blanco.

Si lo prefiere, puede cocer el arroz junto con las judías. Incorpórelo a la olla 20 minutos antes de terminar el proceso de cocción del guiso.

Tiempo de realización: 2 horas 15 minutos	Calorías por ración: 553

Sopa de berberechos

Ingredientes para 6 personas:

✓ *1 kg de berberechos (chipi-chipi)*
✓ *1 barra de pan de 150 g*
✓ *2 cucharadas de aceite*
✓ *2 cebollas picadas*
✓ *3 dientes de ajo picados*
✓ *3 tomates (jitomates) maduros, picados*
✓ *1 cucharada de perejil fresco, picado*
✓ *1 hoja de laurel*
✓ *1 ramita de tomillo seco*
✓ *1/2 cucharadita de pimentón dulce en polvo*
✓ *5 tazas de agua*
✓ *Sal*

Lave muy bien los berberechos, póngalos en un recipiente, cúbralos con agua y resérvelos.

A continuación, corte el pan en rebanadas **(1)**, tuéstelas y resérvelas.

Seguidamente, caliente el aceite en una cacerola y rehogue las cebollas y los ajos hasta que estén transparentes. Agrégueles los tomates, el perejil, el laurel, el tomillo y el pimentón **(2)**. Revuelva todo bien y fríalo a fuego lento 10 minutos.

Por último, escurra los berberechos e incorpórelos al preparado anterior **(3)**. Agregue el agua, sale y cocine todo junto durante 10 minutos. Sirva la sopa acompañada con las tostadas.

1

2

3

Tiempo de realización: 40 minutos	Calorías por ración: 263

Garbanzos de cuaresma

Ingredientes para 4 personas:

300 g de garbanzos
4 cucharadas de aceite
1 cebolla mediana, picada
1 pimiento (pimentón) rojo, cortado en tiras
1 hoja de laurel
1 cucharada de pimentón dulce en polvo
200 g de atún (bonito, tuna) en aceite, desmenuzado
2 dientes de ajo
Unas ramitas de perejil
Sal

Ponga los garbanzos en remojo en agua caliente la noche anterior. Cuando vaya a preparar el guiso, lávelos y escúrralos bien.

A continuación, caliente el aceite en una cacerola y rehogue la cebolla hasta que esté transparente. Incorpore el pimiento y la hoja de laurel y fría todo durante 5 minutos. Agregue el pimentón, revuélvalo con una cuchara de madera y añada 4 tazas de agua caliente.

Seguidamente, incorpore los garbanzos, el atún y un majado hecho con el ajo y el perejil. Sálelo, tape la cacerola y cocine todo a fuego lento durante 2 horas o hasta que los garbanzos estén tiernos. Vigile el guiso por si hiciera falta añadir más agua ya que los garbanzos deben estar siempre cubiertos.

Por último, retire el guiso del fuego y déjelo reposar unos minutos antes de servir.

Tiempo de realización: 2 horas 15 minutos	Calorías por ración: 361

Lentejas a la aldeana

Ingredientes para 4 personas:

200 g de lentejas
100 g de panceta (tocineta fresca)
1 hueso de jamón
100 g de chorizo
4 cucharadas de aceite
1 cebolla grande, picada
2 dientes de ajo picados
1 cucharada de pimentón dulce en polvo
100 g de arroz
Sal

Ponga las lentejas en remojo durante 4 horas. Escúrralas y viértalas en una cacerola junto con la panceta, el hueso de jamón y el chorizo. Cúbralas con agua y cocínelas a fuego lento durante 30 minutos o hasta que comiencen a estar tiernas.

Mientras tanto, caliente el aceite en una sartén y rehogue la cebolla y los ajos hasta que estén transparentes. Agregue el pimentón y revuélvalo bien.

A continuación, cuando haya transcurrido el tiempo de cocción de las lentejas, añádales el majado anteriormente preparado y el arroz. Sazone y cocine todo junto durante 20 minutos o hasta que las lentejas y el arroz estén tiernos.

Es importante añadir el arroz cuando las lentejas no están demasiado tiernas para que no se deshagan mientras se cuece el arroz.

Por último, retire el guiso del fuego, compruebe la sazón y sírvalo con la panceta y el chorizo troceados.

Tiempo de realización: 1 hora	Calorías por ración: 652

Cazuela de fideos con conejo

Ingredientes para 6 personas:

250 g de fideos gruesos
1 conejo de 1 kg aproximadamente, troceado
4 cucharadas de aceite
1 cebolla mediana, picada
1 pimiento (pimentón) verde, troceado
2 tomates (jitomates) maduros, pelados y picados
1 copa de vino blanco, seco
1 hoja de laurel
1 diente de ajo
1 cucharada de perejil picado
Sal

Caliente el aceite en una cacerola y fría los trozos de conejo hasta que estén dorados. Agregue la cebolla, el pimiento y los tomates y rehogue todo junto, revolviendo de vez en cuando, durante 15 minutos.

A continuación, rocíe todo con el vino y agregue el laurel y un majado hecho con el ajo y el perejil. Incorpore 1 litro de agua, sale y tape la cacerola. Cocine todo a fuego lento durante 40 minutos o hasta que el conejo esté prácticamente tierno.

Seguidamente, incorpore los fideos al guiso y cocine todo junto hasta que el plato esté en su punto. Sírvalo inmediatamente.

Tiempo de realización: 1 hora 10 minutos	Calorías por ración: 244

Patatas con salmón

Ingredientes para 4 personas:

1 kg de patatas (papas) troceadas
500 g de salmón fresco, sin piel ni espinas y troceado
4 cucharadas de aceite
1 cebolla mediana, picada
2 pimientos (pimentones) verdes, troceados
1 hoja de laurel
2 dientes de ajo
Unas ramitas de perejil
1 copa de ginebra (opcional)
Sal y pimienta

Caliente el aceite en una cacerola y rehogue la cebolla hasta que esté transparente. Incorpore las patatas y los pimientos, sazone todo con sal y pimienta, revuélvalo y cúbralo con agua.

A continuación, agregue el laurel, tape y cocine todo a fuego lento durante 30 minutos.

Mientras tanto, machaque en un mortero los ajos con el perejil y un poquito de sal. Diluya el majado con la ginebra si la utiliza o con un poco de agua y, pasados los 30 minutos, agréguelo a las patatas.

Seguidamente, cuando las patatas estén prácticamente hechas, añada el salmón, rectifique la sazón y cocine todo junto durante un par de minutos.

Por último, retire el guiso del fuego y sírvalo bien caliente.

Tiempo de realización: 45 minutos	Calorías por ración: 584

Guiso de judías con costillas

Ingredientes para 6 personas:

✓ *750 g de judías verdes (ejotes, habichuelas) troceadas*
✓ *500 g de costillas de cerdo (cochino, chancho) cortadas en trozos*
✓ *1 cucharadita de tomillo*
✓ *2 hojas de laurel picadas*
✓ *1 cucharadita de romero*
✓ *1 copa de vino blanco, seco*
✓ *3 cucharadas de aceite*
✓ *2 cebolletas (cebolla larga) picadas*
✓ *2 dientes de ajo machacados*
✓ *2 tomates (jitomates) pelados y picados*
✓ *Sal y pimienta*

1

Mezcle el tomillo, el laurel, el romero, un poquito de vino, sal y pimienta. Vierta la mezcla sobre las costillas **(1)**, revuélvala bien y déjela macerar durante 1 hora.

2

Mientras tanto, ponga las judías en una cacerola con agua y sal y cocínelas hasta que estén tiernas.

A continuación, caliente el aceite en una sarten y fría las costillas hasta que estén doradas. Agregue las cebolletas, los ajos y los tomates **(2)**, rocíe con un poco del caldo de cocinar las judías y el vino restante, y cocine 15 minutos.

Por último, incorpore las costillas a la cacerola con las judías **(3)** y cocine todo junto durante 10 minutos.

3

Tiempo de realización: 1 hora 40 minutos | **Calorías por ración: 242**

Arroz con chocos

Ingredientes para 4 personas:
300 g de arroz de grano redondo
750 g de chocos (calamares, sepias)
6 cucharadas de aceite
1 cebolla mediana, picada
1 copa de vino blanco
1 hoja de laurel
1 diente de ajo
3 granos de pimienta blanca
Unas ramitas de perejil
Sal

Limpie bien los chocos y trocéelos. Lávelos y déjelos escurrir.

A continuación, caliente el aceite en una cazuela y rehogue la cebolla hasta que esté bien dorada. Incorpore los chocos y saltéelos durante 5 minutos.

Seguidamente, rocíelos con el vino, agregue el laurel y un majado hecho con el ajo, la pimienta y el perejil. Sale, cubra todo con bastante agua y cocine durante 20 minutos o hasta que los chocos estén tiernos.

Por último, incorpore el arroz y cocine el guiso durante 20 minutos o hasta que esté en su punto. Este guiso debe quedar jugoso, no seco. Sírvalo bien caliente.

Si los chocos son frescos, no olvide retirar la bolsa de tinta antes de trocearlos.

Tiempo de realización: 50 minutos — Calorías por ración: 552

Judías con coles

Ingredientes para 4 personas:
500 g de judías (alubias, caraotas, frijoles) blancas
1 cabeza de ajos
1 pimiento (pimentón) verde
1 tomate (jitomate) troceado
1 patata (papa) mediana, troceada
200 g de coles de Bruselas
3 salchichas frescas
Sal

Ponga las judías en remojo la noche anterior. Cuando vaya a preparar el guiso, lávelas, escúrralas y viértalas en una olla junto con la cabeza de ajos, el pimiento y sal. Cúbralas con agua, ponga la olla al fuego y cuando el agua comience a hervir, rompa el hervor con un chorro de agua fría.

A continuación, añada el tomate y la patata. Tape la olla y cocine todo durante 1 hora.

Mientras tanto, limpie las coles de Bruselas y lávelas bien.

Seguidamente, cuando haya transcurrido el tiempo indicado, incorpore las coles al guiso junto con las salchichas y cocine todo hasta que esté en su punto, unos 30 minutos.

Por último, cuando el guiso esté preparado, agite ligeramente la olla para que la salsa ligue y espese ligeramente. Deje reposar unos minutos y sirva bien caliente.

Tiempo de realización: 1 hora 45 minutos **Calorías por ración: 416**

Fideos con almejas

Ingredientes para 4 personas:

250 g de fideos gruesos
250 g de almejas (pepitonas) o chirlas
2 cucharadas de aceite
1/2 cebolla picada
2 tomates (jitomates) maduros, pelados y picados
1 pimiento (pimentón) verde, pequeño y troceado
1 diente de ajo
1 cucharadita de hierbabuena
1/2 cucharadita de colorante (achiote, color)
2 tazas de agua
Sal

Caliente el aceite en una cazuela y rehogue la cebolla hasta que esté transparente. Agregue los tomates y el pimiento y rehogue todo junto a fuego lento, durante 15 minutos.

Mientras tanto, machaque en el mortero el ajo junto con la hierbabuena y un poquito de sal. Diluya el majado con un poco de agua.

A continuación, agregue a la cazuela el majado junto con los fideos, el colorante, las almejas y el agua. Sale y cocine todo durante 10 minutos o hasta que los fideos estén tiernos.

Por último, retire el guiso del fuego y sírvalo bien caliente.

Si prefiere utilizar hebras de azafrán en vez de colorante, macháquelas junto con el ajo y la hierbabuena.

Tiempo de realización: 30 minutos | **Calorías por ración: 181**

Patatas con puerros

Ingredientes para 4 personas:
350 g de patatas (papas) cortadas en dados
3 puerros (poros) limpios y cortados en rodajas gruesas
1 pimiento (pimentón) choricero (seco)
4 cucharadas de aceite
1 cebolla mediana, picada
2 dientes de ajo picados
2 zanahorias cortadas en rodajas
5 tazas de agua
100 g de bacalao desalado y desmigado
Sal

Abra el pimiento por la mitad y póngalo en remojo en agua templada para que se hidrate.

A continuación, caliente el aceite en una cazuela y rehogue la cebolla y los ajos hasta que comiencen a tomar color.

Mientras tanto, escurra el pimiento una vez que se haya hidratado y raspe la pulpa con un cuchillo.

Seguidamente, incorpore a la cazuela la pulpa del pimiento junto con los puerros y las zanahorias y rehogue todo a fuego lento durante 10 minutos.

Por último, agregue el agua y un poco de sal teniendo en cuenta que el bacalao tiene sal, y cocine todo tapado a fuego lento durante 20 minutos. Incorpore las patatas y el bacalao y cocínelo otros 20 minutos o hasta que las patatas estén tiernas. Si el guiso resultara muy caldoso, machaque unas patatas y vierta este puré en la cazuela para espesar la salsa. Si lo desea, espolvoréelo con perejil antes de servir.

Tiempo de realización: 1 hora	Calorías por ración: 247

Cazuela mediterránea

Ingredientes para 4-6 personas:

✓ *300 g de judías (alubias, caraotas, frijoles) blancas*
✓ *3 dientes de ajo picados*
✓ *1 cebolla mediana, picada*
✓ *1 cucharadita de pimentón picante en polvo*
✓ *2 hojitas de laurel*
✓ *2 cucharadas de aceite*
✓ *1 punta de jamón*
✓ *2 chorizos para guisar*
✓ *250 g de patatas (papas)*
✓ *100 g de arroz*
✓ *Sal*

1

2

3

Ponga las judías en remojo durante unas 10 o 12 horas, dependiendo de la calidad de las mismas.

A continuación, escurra las judías y viértalas en una cazuela que contenga abundante agua fría; añada los ajos, la cebolla, el pimentón, las hojas de laurel, el aceite, la punta de jamón y los chorizos **(1)** y cocine a fuego lento durante 1 1/2 horas.

Seguidamente, incorpore las patatas al guiso **(2)**, sálelo al gusto y continúe la cocción durante unos 30 minutos.

Transcurrido el tiempo indicado, agregue el arroz **(3)** y cocine todo junto unos 20 minutos o hasta que el arroz esté en su punto, añadiendo más agua si el guiso quedase demasiado espeso. Vierta la preparación en una cazuela de barro, retire el jamón y el chorizo, corte el primero en trocitos y el segundo en rodajitas e incorpórelos de nuevo al guiso.

Por último, rectifique la sazón si fuera necesario, ponga la cazuela al fuego, deje que dé un hervor y sírvala.

Tiempo de realización: 2 horas 30 minutos	Calorías por ración: 332

Cerdo con almejas

Ingredientes para 4 personas:

600 g de magro de cerdo (cochino, chancho) sin grasa
500 g de almejas (pepitonas)
3 dientes de ajo
6 u 8 granos de pimienta negra
1 copa de vino blanco
1 cucharada de pimentón dulce en polvo
1/2 cucharada de pimentón picante en polvo
1 cucharadita de orégano
1 hoja de laurel picada
4 cucharadas de aceite
Sal

Lave la carne, séquela con papel absorbente y córtela en dados. Viértala en un cuenco y resérvela.

A continuación, machaque en un mortero los ajos junto con la pimienta y un poco de sal. Diluya la pasta obtenida con el vino e incorpore el pimentón dulce, el picante, el orégano y el laurel, mezclándolo todo bien.

Seguidamente, vierta este adobo sobre la carne, mezcle todo bien y déjela macerar en el frigorífico durante 24 horas.

Pasado este tiempo, caliente el aceite en una cazuela y fría la carne, previamente escurrida, hasta que esté bien dorada. Rocíela con el adobo, tape la cazuela y cocine la carne a fuego lento durante 45 minutos o hasta que esté tierna.

Por último, lave bien las almejas, incorpórelas a la carne, tape la cazuela de nuevo y cocine todo junto hasta que las almejas se abran. Sirva el guiso bien caliente.

Tiempo de realización: 1 hora | **Calorías por ración: 439**

Patatas con gambas

Ingredientes para 4 personas:
750 g de patatas (papas) troceadas
300 g de gambas (camarones)
5 cucharadas de aceite
1 cebolla pequeña, picada
2 tomates (jitomates) maduros, pelados y picados
1 pimiento (pimentón) verde, troceado
1 copa de vino blanco
1 diente de ajo
Unas ramitas de perejil
Unas hebras de azafrán (achiote, color)
Sal

Pele las gambas y resérvelas. Ponga las cáscaras y las cabezas en una cacerola con un litro de agua y un poco de sal y cuézalas durante 10 minutos. Pase todo por un colador, aplastando bien las cabezas y las cáscaras para que suelten todo el jugo y reserve el caldo obtenido.

A continuación, caliente el aceite en una cazuela y rehogue la cebolla a fuego lento hasta que esté transparente. Incorpore los tomates, el pimiento y las patatas y rehogue todo junto durante 5 minutos.

Seguidamente, rocíelo con el vino y el caldo reservado y cocínelo a fuego lento durante 10 minutos.

Por último, haga un majado con el ajo, el perejil y el azafrán. Agréguelo al guiso y cocine todo hasta que las patatas estén tiernas. Incorpore las gambas y cocínelas durante 1 minuto. Sirva inmediatamente.

Tiempo de realización: 50 minutos	**Calorías por ración: 364**

Fabada asturiana

Ingredientes para 4 personas:

750 g de fabes (alubias, caraotas, frijoles) blancas
200 g de panceta (tocineta fresca)
4 chorizos
200 g de tocino (tocineta salada)
1 punta de jamón serrano de 150 g
200 g de lacón
Unas hebras de azafrán (achiote, color)
2 morcillas secas (moronga) para fabada
Sal

Ponga las fabes en una olla grande, llénela de agua y déjelas en remojo toda la noche. Al día siguiente, escúrralas, cúbralas de nuevo con agua fría y ponga la olla al fuego. Cuando el agua rompa a hervir, tírela y vuelva a cubrir las fabes con agua fría.

A continuación, agrégueles la panceta, los chorizos, el tocino, la punta de jamón y el lacón. Tape la olla y cocine todo a fuego lento durante 2 horas.

Mientras tanto, machaque el azafrán, dilúyalo en un poco del caldo de las judías y agréguelo a la olla.

Seguidamente, cuando las fabes estén casi tiernas, agregue las morcillas y cocínelas durante 10 o 15 minutos.

Por último, rectifique la sazón, retire unas cuantas fabes y macháquelas con un tenedor. Agréguelas al caldo y remueva con cuidado. De esta forma el caldo quedará más ligado y ligeramente espeso. Sirva la fabada muy caliente.

Tiempo de realización: 2 horas 30 minutos **Calorías por ración: 1646**

Patatas con arroz y mejillones

Ingredientes para 4 personas:

✓ *1 kg de patatas (papas)*
✓ *500 g de mejillones (choros, moules)*
✓ *75 g de arroz*
✓ *4 cucharadas de aceite*
✓ *1 cebolla pequeña, picada*
✓ *1 diente de ajo picado*
✓ *1 cucharada de perejil picado*
✓ *1/2 cucharadita de pimentón dulce en polvo*
✓ *Unas hebras de azafrán (achiote, color)*
✓ *Sal y pimienta*

1

2

3

Lave muy bien los mejillones, quíteles las barbas y ábralos al vapor. Cuele el caldo y resérvelo. Separe los mejillones de las valvas **(1)** y resérvelos.

A continuación, caliente el aceite en una cazuela y sofría la cebolla, el ajo y el perejil. Recójalos con una espumadera y viértalos en un mortero.

Seguidamente, en la misma cazuela, sofría las patatas. Agrégueles el pimentón **(2)** y revuélvalas bien.

Mientras tanto, machaque los ingredientes del mortero junto con el azafrán. Deslíelo con un poco de agua y viértalo sobre las patatas. Cubra todo con agua y el caldo de los mejillones, sazónelo con sal y pimienta y cocínelo a fuego lento durante 15 minutos.

Por último, añada el arroz **(3)** y los mejillones y cocine todo junto durante 20 minutos o hasta que el arroz esté tierno. Deje reposar 5 minutos antes de servir.

Tiempo de realización: 1 hora	Calorías por ración: 470

Lentejas con picantones

Ingredientes para 6 personas:

250 g de lentejas
2 picantones (pollitos pequeños)
5 cucharadas de aceite
1 cebolla mediana, picada
4 dientes de ajo picados
3 zanahorias enteras, raspadas
1 ramita de tomillo
1 hoja de laurel
Sal

Ponga las lentejas en remojo durante 6 horas. Lávelas y escúrralas. Lave bien los picantones por dentro y por fuera y séquelos con papel absorbente.

A continuación, caliente el aceite en una cacerola y dore los picantones por todos los lados. Añada la cebolla y los ajos y rehogue todo junto hasta que la cebolla esté transparente.

Seguidamente, incorpore las lentejas, las zanahorias, el tomillo, el laurel y sal. Cubra todo con agua, tape la cacerola y cocínelo a fuego lento durante 1 hora o hasta que todo esté en su punto.

Por último, retire los picantones y deshuéselos. Retire las zanahorias y córtelas en rodajas finas. Mezcle todo de nuevo y sirva el guiso bien caliente.

Puede utilizar pechugas de pollo si desea evitarse el trabajo de deshuesar los picantones.

Tiempo de realización: 1 hora 15 minutos — Calorías por ración: 356

Cocido madrileño

Ingredientes para 4 personas:

300 g de garbanzos
250 g de morcillo (chambarete, murillo) de vaca (res)
150 g de tocino (tocineta) fresco, salado
1 hueso de rodilla de vaca (res)
1 hueso de caña de vaca (res)
1 hueso de jamón
1 punta de jamón
1 repollo (col) pequeño, picado
2 zanahorias cortadas por la mitad
3 patatas (papas) enteras
1/4 de pollo o gallina
100 g de chorizo de guisar
1 morcilla (moronga) de cebolla
4 cucharadas de aceite
3 dientes de ajo picados
100 g de fideos para la sopa
Sal

Ponga los garbanzos en remojo la noche anterior. Para ello, utilice agua caliente con sal.

Al día siguiente, vierta 2 litros de agua en una olla grande y agregue el morcillo, el tocino, todos los huesos y la punta de jamón. Ponga la olla al fuego y cuando el agua rompa a hervir, retire la espuma de la superficie.

A continuación, escurra los garbanzos, póngalos en una red si la tiene, y agréguelos a la olla. Deje cocer todo a fuego lento durante 1 1/2 horas.

Seguidamente, retire un poco del caldo de la olla y cocine en él el repollo. Añada a la olla las zanahorias, las patatas, el pollo, el chorizo y la morcilla y continúe la cocción durante 1 hora o hasta que los garbanzos estén tiernos.

Mientras tanto, caliente el aceite en una sartén y sofría los ajos. Agregue el repollo bien escurrido y rehóguelo.

Por último, retire el caldo de la olla y cocine en él los fideos. La cantidad depende de cómo le guste de espesa la sopa. Sírvala acompañada de los garbanzos y los ingredientes restantes.

Tiempo de realización: 3 horas — Calorías por ración: 1001

Patatas a la vizcaína

Ingredientes para 4 personas:
1 kg de patatas (papas) cortadas en trozos regulares
2 pimientos (pimentones) choriceros (secos)
4 cucharadas de aceite
1 cebolla mediana, picada
3 dientes de ajo picados
200 g de chorizos de Cantimpalos
2 cucharadas de vino blanco, seco
1 hoja de laurel
Sal

Abra los pimientos con un cuchillo y póngalos en remojo en agua templada para que se hidraten.

A continuación, caliente el aceite en una cacerola y rehogue la cebolla a fuego muy lento hasta que esté transparente.

Mientras tanto, escurra los pimientos hidratados y machákuelos en el mortero junto con los ajos.

Seguidamente, agregue a la cacerola el majado anteriormente preparado y los chorizos, y revuelva todo bien. Incorpore las patatas, rocíelas con el vino, añada el laurel, cubra con agua, sale y cocine todo a fuego lento hasta que las patatas estén tiernas.

Por último, retire del fuego y trocee los chorizos antes de servirlos con las patatas.

Tiempo de realización: 45 minutos	Calorías por ración: 574

Olla murciana

Ingredientes para 6 personas:

✓ *100 g de garbanzos*
✓ *100 g de judías (alubias, caraotas, frijoles) blancas*
✓ *150 g de trigo en grano*
✓ *1 berenjena cortada en dados*
✓ *1 patata mediana, pelada y cortada en dados*
✓ *200 g de calabaza (auyama) pelada, sin semillas y cortada en dados*
✓ *3 cucharadas de aceite*
✓ *1 cebolla picada*
✓ *1 tomate (jitomate) grande, pelado y picado*
✓ *1 cucharada de pimentón dulce en polvo*
✓ *Unas hebras de azafrán (achiote, color)*
✓ *1 huevo cocido*
✓ *Sal*

1

2

3

Ponga en remojo los garbanzos, las judías y el trigo, por separado, la noche anterior **(1)**. Al día siguiente, lave los tres y escúrralos. Ponga una olla con agua y sal al fuego y cuando hierva incorpore el trigo dejándolo cocer durante 40 minutos.

A continuación, incorpore los garbanzos y las judías. Sazónelo todo, tape la olla y cocínelo a fuego lento durante 2 horas. Cuando las legumbres estén casi tiernas, incorpore la berenjena **(2)** y cocine todo 10 minutos. Agregue la patata y la calabaza, tape la olla y continúe la cocción.

Mientras tanto, caliente el aceite en una sartén y rehogue la cebolla hasta que esté transparente. Agregue el tomate y sofríalo. Condiméntelo con sal, el pimentón **(3)** y el azafrán, revuelva todo e incorpórelo al guiso. Cocine 10 minutos más.

Por último, corte el huevo en rodajas y utilícelo para decorar el guiso antes de servir.

Tiempo de realización: 3 horas 15 minutos	Calorías por ración: 170

Marmitako

Ingredientes para 4 personas:

300 g de bonito (atún, tuna)
800 g de patatas (papas) troceadas
3 pimientos (pimentones) choriceros (secos)
4 cucharadas de aceite
1 cebolla picada
1 pimiento (pimentón) verde, troceado
2 dientes de ajo picados
3 tomates (jitomates) pelados y picados
2 cucharadas de vino blanco, seco
750 ml de caldo de pescado
1 cucharada de perejil picado
Sal

Abra los pimientos choriceros con un cuchillo y póngalos en remojo en agua caliente para que se hidraten.

A continuación, caliente el aceite en una cazuela y rehogue la cebolla hasta que esté transparente. Incorpore los pimientos escurridos y troceados, el pimiento verde, los ajos y los tomates y fría todo durante 10 minutos.

Seguidamente, incorpore las patatas, rehóguelas unos minutos, rocíe todo con el vino, sazónelo y agregue el caldo y el perejil. Tape la cazuela y cocínelo a fuego lento durante 20 minutos o hasta que las patatas estén tiernas.

Por último, incorpore el bonito troceado y cocine todo junto durante 2 o 3 minutos. Apague el fuego y deje reposar el guiso unos 10 minutos antes de servirlo.

Tiempo de realización: 45 minutos	Calorías por ración: 456

Estofado de judiones

Ingredientes para 4 personas:

400 g de judiones (alubias, caraotas, frijoles) grandes
250 g de costillas de cerdo (cochino, chancho)
100 g de panceta (tocineta fresca) entreverada
1 cebolla grande, troceada
4 dientes de ajo pelados
1 hoja de laurel
1 ramita de tomillo
2 zanahorias cortadas en rodajas
1 tomate (jitomate) cortado en cuartos
3 cucharadas de aceite
1 cucharada de pimentón dulce en polvo
Sal

Ponga los judiones en remojo la noche anterior. Escúrralos y viértalos en una cacerola.

A continuación, agregue a la cacerola las costillas, la panceta, la cebolla, los ajos, el laurel, el tomillo, las zanahorias y el tomate.

Seguidamente, sale todo, rocíe por encima el aceite, espolvoree con el pimentón y revuelva bien. Cubra todo con agua, tape la cacerola y cocine a fuego muy lento durante 1 1/2 o 2 horas hasta que los judiones estén tiernos. Durante la cocción, agregue más agua si fuera necesario. Sírvalos bien calientes.

Puede añadir también 4 salchichas frescas si desea un plato más consistente.

Tiempo de realización: 2 horas	Calorías por ración: 662

Marmita de pescados

Ingredientes para 6 personas:
400 g de mero troceado
400 g de rape u otro pescado duro, troceado
250 g de calamares (chipirones, sepias) troceados
100 g de langostinos o gambas (camarones)
1 tomate (jitomate) maduro, grande
6 cucharadas de aceite
1 rebanada de pan
1 cebolla grande, picada
3 dientes de ajo
1 cucharada de pimentón dulce en polvo
500 ml de agua
Sal

Ase el tomate en el horno, dándole varias vueltas, hasta que esté muy tierno (unos 30 minutos).

Mientras tanto, caliente el aceite en una cazuela y fría la rebanada de pan. Retírela y resérvela.

A continuación, en el mismo aceite, rehogue la cebolla hasta que esté transparente.

Seguidamente, machaque en el mortero los ajos junto con el pan frito y el tomate asado sin piel ni semillas. Incorpore este majado y el pimentón a la cazuela, revuelva todo bien, rocíelo con el agua, sálelo y cocínelo durante 20 minutos.

Por último, incorpore el pescado y cocínelo 10 minutos. Agregue los langostinos y cocine todo junto durante 1 minuto. Sirva la marmita bien caliente.

Tiempo de realización: 1 hora 10 minutos	Calorías por ración: 318

Patatas con carne y verduras

Ingredientes para 4 personas:

- ✓ *1 kg de patatas (papas) troceadas*
- ✓ *500 g de carne de ternera (añojo, mamón, novilla), troceada*
- ✓ *2 alcachofas (alcauciles)*
- ✓ *El zumo (jugo) de 1 limón*
- ✓ *4 cucharadas de aceite*
- ✓ *Harina para enharinar*
- ✓ *1 cebolla picada*
- ✓ *2 dientes de ajo*
- ✓ *1 vasito de vino*
- ✓ *1 hoja de laurel*
- ✓ *3 tazas de agua*
- ✓ *200 g de zanahorias cortadas en rodajas*
- ✓ *100 g de guisantes (arvejas, chícharos)*
- ✓ *Sal y pimienta*

1

2

3

Deseche las hojas duras de las alcachofas, córtelas por la mitad en sentido longitudinal y cocínelas en una cacerola con agua, sal y el zumo de limón, durante 15 minutos **(1)**.

Mientras tanto, caliente el aceite en una cazuela, pase la carne por harina y dórela. Añádale la cebolla y los ajos, y cuando comiencen a tomar color, agregue el vino, el laurel, el agua **(2)** y sal y pimienta. Tape la cazuela y cocine todo a fuego lento durante 1 hora.

A continuación, incorpore las patatas, las zanahorias, los guisantes y las alcachofas, escurridas **(3)**.

Por último, tape la cazuela de nuevo y cocine todo junto durante 30 minutos o hasta que tanto la carne como las verduras estén bien tiernas. Rectifique la sazón, deje reposar unos minutos y sirva el guiso.

Tiempo de realización: 1 hora 40 minutos **Calorías por ración: 596**

Pim

Berza gitana

Ingredientes para 6 personas:

250 g de garbanzos
150 g de judías (alubias, caraotas, frijoles) blancas
500 g de morcillo (chambarete, murillo) de ternera (añojo, mamón, novilla)
200 g de panceta (tocineta fresca) entreverada
200 g de tocino (tocineta) fresco, salado
1 hueso de jamón
3 dientes de ajo
1/2 cucharadita de cominos
1 clavo de olor
1 cucharada de pimentón dulce en polvo
200 g de chorizo
200 g de judías verdes (ejotes, habichuelas) troceadas
150 g de tallos de apio (celeri) troceados
150 g de pencas de acelga troceadas
200 g de zanahorias cortadas en rodajas
250 g de patatas (papas) troceadas
300 g de calabaza (auyama) troceada
Sal

Ponga en remojo los garbanzos y las judías por separado durante al menos 8 horas.

Cuando vaya a preparar el guiso, vierta en una olla la carne, la panceta, el tocino y el hueso de jamón. Añada abundante agua y ponga la olla al fuego. Cuando rompa a hervir, espúmelo bien.

Mientras tanto, prepare un majado con los ajos, los cominos, el clavo y el pimentón. Incorpórelo a la olla una vez haya espumado la superficie.

A continuacion, lave los garbanzos, agréguelos a la olla y cocine todo 45 minutos. Incorpore las judías y cocine todo junto 30 minutos.

Seguidamente, agregue el chorizo y las verduras excepto las patatas y la calabaza. Continúe la cocción y cuando todo esté en su punto, incorpore las patatas y la calabaza. Sale el preparado y cocínelo 15 minutos más. Sirva la berza bien caliente.

Tiempo de realización: 2 horas — Calorías por ración: 843

Arroces

Se trata, sin lugar a dudas, del cereal que constituye la base alimenticia del sector más numeroso de la humanidad. Los países que destacan por consumir masivamente este producto son los del área oriental asiática, donde constituye la dieta básica, sin olvidar África y Latinoamérica. Su origen es antiquísimo; algunos expertos opinan que su aparición podría ser incluso anterior al siglo XXX a.C.

Su aparición en España se remonta al siglo II a.C. y en Latinoamérica fue introducido por Hernán Cortés en México, y por Francisco Pizarro en Perú, en el siglo XV.

Desde que el arroz se empezó a utilizar en nuestra cocina, cada región le ha dado un toque personal y ha sabido imprimir sus propias características en la realización de las recetas que nos resultan más habituales y que tan apreciadas son por todos.

Aunque se conocen más de 20 especies de arroz, las principales en cuanto a consumo son el arroz de grano redondo y el de grano largo. El arroz integral, con indudables ventajas dietéticas, tiene escasa implantación. De estas dos variedades, existe en el mercado una modalidad denominada "precocida". Este arroz ha sido objeto de una elaboración previa, blanqueado y secado a altas

temperaturas, lo que permite reducir el tiempo necesario para su posterior cocción además de mantener una mayor cantidad de vitaminas y oligoelementos.

En la última década, se ha considerado al arroz de utilidad dietética para mejorar el estado de los pacientes con presión arterial alta y también en los casos de enfermedades de los riñones y del corazón. En cuanto al arroz integral, también es útil para combatir niveles altos de colesterol "nocivo" e incrementar el HDL o colesterol "bueno".

El arroz es un alimento de fácil digestión, y según los estudios más recientes realizados en los Estados Unidos, no sólo no produce efectos alérgicos, sino que parece que contribuye a mejorar estados alérgicos producidos por otros alimentos.

En la preparación de este recetario, hemos tenido en cuenta los ingredientes más utilizados en España y Latinoamérica y su adaptación a los platos más comunes. La influencia de Oriente en algunas preparaciones está justificada por el efecto de la cocina del Este Asiático en nuestras recetas, pero incluso así, nuestra cocina todavía conserva el sabor tradicional que la hace única.

Las mejores recetas

Arroz con salmonetes

Ingredientes para 4 personas:
300 g de arroz de grano largo
4 salmonetes (pargos) medianos
4 cucharadas de aceite
1 cebolla mediana, picada
1 diente de ajo picado
1 pimiento (pimentón) verde, picado
2 calabacines (calabacitas, chauchitas, zucchini) medianos, cortados en dados
500 g de berberechos (chipi-chipi)
4 cucharadas de tomate (jitomate) frito
Una pizca de tomillo en polvo
Sal y pimienta negra recién molida

Caliente el aceite en una cazuela de barro y sofría la cebolla y el ajo hasta que comiencen a dorarse. Agrégueles el pimiento y los calabacines y continúe sofriendo durante unos minutos.

Mientras tanto, lave bien los berberechos, póngalos en un colador e introduzca éste en una cazuela con agua hirviendo hasta que los berberechos se abran. Reserve el agua de cocción con el caldo que hayan soltado los berberechos y retire éstos de sus valvas, reservándolos en un plato.

A continuación, cuando las verduras estén sofritas, incorpore a la cazuela el arroz, revuelva bien y añada el tomate frito y el caldo de los berberechos aumentando la cantidad de agua, si fuera necesario, hasta que duplique el volumen del arroz. Sazone todo con el tomillo, sal y pimienta y cocínelo a fuego medio durante 15 minutos.

Seguidamente, abra los salmonetes por la mitad, quite las cabezas y la espina central dejándolos en 2 filetes, y lávelos bien.

Por último, transcurridos los 15 minutos de cocción, agregue a la cazuela los berberechos repartiéndolos sobre la superficie y coloque encima los salmonetes. Cocine todo 5 minutos más, deje reposar el guiso otros 5 minutos y sírvalo en la misma cazuela.

Tiempo de realización: 35 minutos | Calorías por ración: 553

Arroz a la campesina

Ingredientes para 4 personas:

250 g de arroz de grano largo
7 cucharadas de aceite
1 cebolla picada
2 dientes de ajo picados
1 calabacín (calabacita, chauchita, zucchini) mediano, cortado en trocitos
100 g de guisantes (arvejas, chícharos)
100 g de jamón cortado en tiritas
4 cucharadas de queso Emmental rallado
1/2 pimiento (pimentón) rojo, picado
2 cucharadas de pasta de tomate (jitomate)
4 tazas de caldo de gallina (puede ser en cubitos)
Sal y pimienta blanca

Caliente el aceite en una olla y rehogue la cebolla y los ajos hasta que empiecen a dorarse.

A continuación, agregue el calabacín, los guisantes, el jamón, el queso, el pimiento y la pasta de tomate. Sazone con sal y pimienta y sofría todo durante 5 minutos.

Por último, añada el arroz, revuelva bien, rocíelo con el caldo y cocine todo durante 20 minutos hasta que el arroz haya absorbido el líquido. Déjelo reposar durante 5 minutos y sírvalo.

Cuando el arroz esté casi en su punto, puede agregar el zumo de medio limón y tomará un agradable aroma.

Tiempo de realización: 45 minutos	Calorías por ración: 573

Arroz al ajo

Ingredientes para 4 personas:

✓ *400 g de arroz*
✓ *4 alcachofas*
✓ *1 pimiento (pimentón) rojo*
✓ *Unas hebras de azafrán (achiote, color)*
✓ *5 cucharadas de aceite*
✓ *5 dientes de ajo picados*
✓ *1 cebolla picada*
✓ *Caldo de gallina (el doble de cantidad que el volumen del arroz)*
✓ *300 g de habas (fabas frescas) desgranadas*
✓ *Sal*

1

Vierta el arroz en un colador grande, páselo bajo un chorro de agua fría y deje que escurra.

2

Limpie las alcachofas, córtelas en gajos y cuézalas en un poco de agua salada. Abra el pimiento por la mitad, elimine el corazón y las semillas y córtelo en trocitos.

3

Caliente el aceite en una cazuela de barro al fuego y rehogue los ajos y la cebolla, hasta que esta última quede transparente. Agregue el arroz **(1)**, deje que se sofría ligeramente a fuego lento sin dejar de remover. Incorpore el caldo **(2)**, previamente calentado, suba el fuego y añada las alcachofas, las habas, el pimiento **(3)**, el azafrán y sal al gusto.

Por último, introduzca la cazuela en el horno, precalentado 180° C (350° F), y cocine hasta que el arroz esté en su punto y el caldo se haya consumido.

Tiempo de realización: 40 minutos	Calorías por ración: 446

Arroz malayo

Ingredientes para 4 personas:

300 g de arroz de grano largo, cocido
2 zanahorias medianas
1 tallo de apio (celeri)
1 pimiento (pimentón) verde
1 cebolleta (cebolla larga)
3 cucharadas de aceite
150 g de carne de cerdo (cochino, chancho) sin grasa, picada
2 cucharadas de salsa de soja
2 huevos
Sal

Pique en juliana fina las zanahorias, el apio, el pimiento y la cebolleta.

A continuación, caliente 2 cucharadas de aceite en una sartén al fuego, añada las verduras picadas y deje que se sofrían. Agregue la carne y sofríala, removiendo constantemente. Incorpore el arroz y la salsa de soja, sazone al gusto y rehogue todo junto.

Seguidamente, bata los huevos con una pizca de sal. Caliente el aceite restante en una sartén antiadherente al fuego, incorpore el batido de huevos y prepare una tortilla. Retire la tortilla de la sartén, píquela y añádala al arroz.

Por último, cocine todo junto durante unos minutos a fuego moderado y sírvalo.

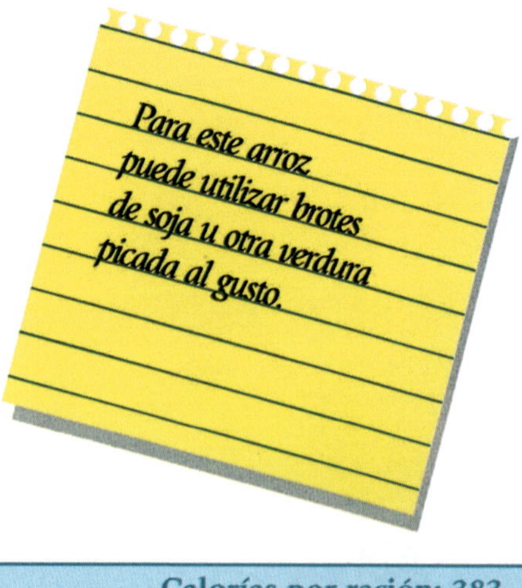

Tiempo de realización: 20 minutos	Calorías por ración: 383

Arroz negro

Ingredientes para 6 personas:
500 g de arroz de grano redondo
500 g de calamares (chipirones, sepias)
300 g de tomates (jitomates) maduros
8 cucharadas de aceite de oliva
1 cebolla grande, picada
1/2 pimiento (pimentón) rojo, picado
2 pimientos (pimentones) verdes, picados
1 taza de caldo de pescado
Agua o caldo de verduras (el doble de cantidad que el volumen del arroz)
4 dientes de ajo
Unas ramitas de perejil
100 g de gambas (camarones) cocidas, para la decoración
Sal

Limpie cuidadosamente los calamares, lávelos y córtelos en aros finos o cuadraditos. Reserve la tinta.

A continuación, escalde los tomates, pélelos y píquelos. Caliente el aceite en una paellera o en una cazuela de barro y saltee los calamares a fuego vivo, durante unos minutos.

Seguidamente, añada la cebolla y rehóguela hasta que esté transparente, agregue los tomates y los pimientos picados y cocine todo junto durante 10 minutos. Rocíelo con el caldo de pescado e incorpore un majado hecho con el perejil y los ajos. Deje cocer hasta que el caldo se evapore.

Mientras tanto, disuelva la tinta reservada en un poco de agua. Agréguela a la cazuela junto con el agua o el caldo de verduras y cuando rompa a hervir, incorpore el arroz. Rectifique la sazón si fuera necesario y deje cocer hasta que el arroz esté en su punto.

Por último, vierta el preparado en una fuente de servir y si lo desea, decore la superficie con gambas cocidas.

Tiempo de realización: 50 minutos	Calorías por ración: 432

Arroz mar y campo

Ingredientes para 4 personas:
300 g de arroz de grano largo
4 cucharadas de aceite de oliva
1 cebolla pequeña, picada
1 pimiento (pimentón) verde, picado
200 g de carne de ternera (añojo, mamón, novilla) troceada
2 salchichas frescas, troceadas
200 g de champiñones (hongos, setas)
3 cucharadas de tomate (jitomate) frito
1 cucharada de catsup
1/2 cucharadita de pimentón en polvo
1 l de caldo hirviendo
Azafrán (achiote, color)
150 g de gambas (camarones) peladas
Sal

Caliente el aceite en una cazuela al fuego y rehogue el pimiento verde y la cebolla hasta que esta última esté transparente.

A continuación, añada la carne y las salchichas y dórelas, dándoles varias vueltas. Agregue los champiñones, previamente lavados y fileteados y continúe rehogando durante unos minutos.

Seguidamente, añada el arroz, el tomate frito, el catsup y el pimentón. Mezcle todo bien e incorpore el caldo hirviendo y el azafrán, previamente disuelto en un poquito de caldo. Sale al gusto, tape la cazuela y cocine todo a fuego lento durante 15 minutos.

Por último, destape la cazuela, añada las gambas y termine la cocción hasta que el arroz esté en su punto.

Tiempo de realización: 40 minutos **Calorías por ración: 314**

Arroz mixto

Ingredientes para 4 personas:

300 g de arroz
4 cucharadas de aceite
1 cuarto de pollo, troceado
125 g de magro de cerdo (cochino, chancho) troceado
1 chorizo pequeño, en rodajas
1 diente de ajo picado
1 pimiento (pimentón) rojo, troceado
1 pimiento (pimentón) verde, troceado
Agua (el doble cantidad que el volumen del arroz)
Azafrán (achiote, color)
6 u 8 gambas (camarones)
Sal

Ponga el aceite en una cazuela de barro y caliente al fuego. Añada el pollo, el magro, el chorizo, el ajo y los pimientos y sofría todo junto hasta que las carnes estén doradas.

A continuación, agregue el arroz, rehóguelo ligeramente e incorpore el agua, el azafrán y la sal. Cocine todo durante 10 minutos, añada las gambas y continúe la cocción hasta que el arroz haya absorbido todo el líquido.

Por último, retírelo del fuego, déjelo reposar unos minutos, decórelo con gajos de limón y sírvalo en la misma cazuela.

Si prefiere un plato con menos calorías, sustituya el cerdo por pechuga de pollo sin piel y el chorizo por salchichas de ave.

Tiempo de realización: 40 minutos | **Calorías por ración: 510**

Arroz a banda

Ingredientes para 4 personas:
300 g de arroz de grano redondo
8 cucharadas de aceite de oliva
2 ñoras (pimentones secos)
4 dientes de ajo grandes
Perejil picado
200 g de salmonetes (pargos)
250 g de dorada
4 langostinos
1 cola de langosta
200 g de calamares (chipirones, sepias)
1 tomate (jitomate) grande, pelado y picado
Sal

Para la guarnición:
Salsa all-i-oli

Caliente la mitad del aceite en una sartén al fuego y fría las ñoras. Retírelas y macháquelas en un mortero junto con 2 dientes de ajo y un poco de perejil.

A continuación, fría los pescados ya limpios y troceados en el aceite que ha quedado en la sartén, así como los langostinos, la langosta y los calamares cortados en aros; déles unas vueltas y vierta todo en una olla, preferiblemente de hierro. Añada el majado, cubra todo con agua, sálelo y cocínelo a fuego lento 5 minutos. Retire del fuego y reserve, al calor y por separado, el caldo obtenido y los pescados y mariscos.

Seguidamente, caliente el resto del aceite en una paellera al fuego y rehogue los ajos restantes y el tomate, añada el arroz, déle unas vueltas, rocíe todo con el caldo (el doble de cantidad que el volumen del arroz) y cocine hasta que el arroz esté en su punto.

Sirva el arroz en la paellera, acompañado de los pescados y mariscos en una fuente, y de la salsa all-i-oli en salsera parte.

Tiempo de realización: 50 minutos **Calorías por ración: 651**

Arroz a la pamplonesa

Ingredientes para 4 personas:

- ✓ *400 g de arroz*
- ✓ *100 g de bacalao (abadejo, mojito, reyezuelo) seco*
- ✓ *200 ml de aceite*
- ✓ *1 cebolla picada*
- ✓ *1 tomate (jitomate) picado*
- ✓ *1 cucharada de perejil picado*
- ✓ *2 pimientos (pimentones) secos*
- ✓ *2 dientes de ajo pelados*
- ✓ *3 alcachofas cortadas en cuartos*
- ✓ *200 g de guisantes (arvejas, chícharos)*
- ✓ *1 ramita de tomillo*
- ✓ *1 hoja de laurel*
- ✓ *1 cucharadita de pimentón dulce*
- ✓ *Unas hebras de azafrán (achiote, color)*
- ✓ *Sal*

1

2

3

Ponga el bacalao en remojo el día anterior y cámbiele el agua varias veces. Al día siguiente, escúrralo y desmenúcelo con la manos **(1)**, retirando las espinas y toda la piel.

A continuación, caliente el aceite en una cazuela y rehogue la cebolla hasta que esté transparente. Incorpore todos los ingredientes restantes **(2)** excepto el arroz, el pimentón y el azafrán. Revuélvalos bien y rehóguelos durante unos minutos.

Seguidamente, agregue el arroz y sofría todo junto sin dejar de revolver. Espolvoree con el pimentón y el azafrán, incorpore el doble de cantidad de agua hirviendo que el volumen de arroz **(3)**. Sale e introduzca la cazuela en el horno, precalentado a 180° C (350°F), durante 15 o 20 minutos hasta que el arroz haya absorbido el líquido y esté seco y suelto.

Por último, espolvoréelo con perejil picado y sírvalo.

Tiempo de realización: 40 minutos	Calorías por ración: 379

Arroz verde

Ingredientes para 4 personas:

300 g de arroz
6 pimientos (pimentones) verdes
3 1/2 tazas de caldo de gallina
1 trozo de cebolla
1 diente de ajo
4 cucharadas de aceite
1 ramita de cilantro (coriandro, culantro)
1 huevo cocido y picado
Sal

Ase los pimientos en el horno, pélelos y quíteles las venas interiores y las semillas.

A continuación, ponga 5 pimientos en la batidora y reserve el restante. Agregue a la batidora 1/2 taza de caldo, la cebolla y el ajo, bata bien y reserve.

Seguidamente, caliente el aceite en una cazuela y dore el arroz revolviéndolo con una cuchara de madera. Agregue los pimientos batidos sobre el arroz y cuando comiencen a hervir, incorpore el caldo restante y el cilantro. Sale y cocine el arroz hasta que esté en su punto y haya consumido el líquido. Si fuera necesario, agregue un poco más de agua.

Por último, corte el pimiento reservado en tiras, decore el arroz con ellas y con el huevo picado y sírvalo.

Tiempo de realización: 1 hora	Calorías por ración: 352

Arroz a la cubana

Ingredientes para 4 personas:

250 g de arroz
3 cucharadas de aceite
2 dientes de ajo picados
Agua (el doble cantidad que el volumen de arroz)
4 plátanos (bananos, cambures) pelados y cortados por la mitad en sentido longitudinal
1 cucharada de mantequilla
Aceite para freír
4 huevos
8 salchichas
500 g de tomate (jitomate) frito
Sal

Caliente el aceite en una olla y dore los ajos. Incorpore el arroz y revuelva con una cuchara de madera hasta que éste absorba la grasa. Rocíe con el agua, sale y cocine el arroz hasta que esté en su punto y haya absorbido el agua.

Mientras tanto, fría los plátanos en la mantequilla, dándoles la vuelta para que estén bien dorados.

A continuación, caliente el aceite en una sartén y fría los huevos y las salchichas. Caliente el tomate frito.

Por último, presente los platos poniendo en cada uno 1 huevo, 2 salchichas, 1 plátano y arroz blanco rociado con el tomate frito. Sírvalo bien caliente.

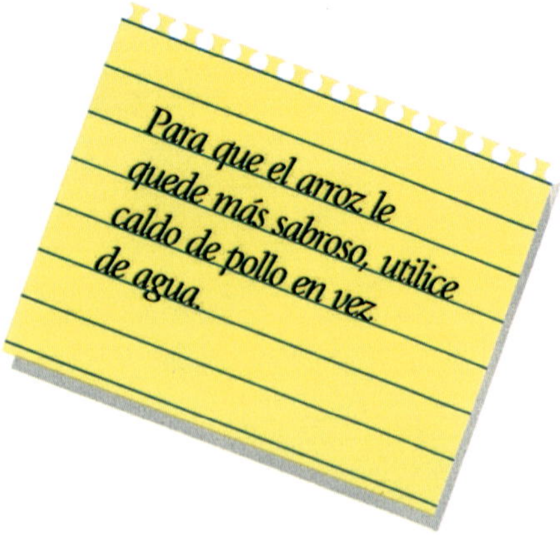

Tiempo de realización: 30 minutos	Calorías por ración: 661

Arroz al vino tinto

Ingredientes para 4 personas:
300 g de arroz
4 cucharadas de aceite
1/2 cebolla picada
Unas hojitas de romero
1 cucharada de tomate (jitomate) picado
300 g de carne picada de vaca (res)
2 copas de vino tinto
Caldo de gallina
Sal y pimienta

Caliente el aceite en una cazuela al fuego y fría la cebolla hasta que esté transparente.

A continuación, añada el romero, el tomate y la carne. Sazone con sal y pimienta, revuelva con una cuchara de madera y cocine a fuego lento durante 15 minutos.

Seguidamente, incorpore el arroz, mezcle todo bien y rocíelo con el vino y el caldo, teniendo en cuenta que la mezcla de estos dos líquidos debe duplicar la cantidad del volumen de arroz. Revuelva ligeramente y cocine el arroz a fuego lento durante 20 minutos.

Por último, retire del fuego, deje reposar unos minutos y sírvalo decorándolo al gusto.

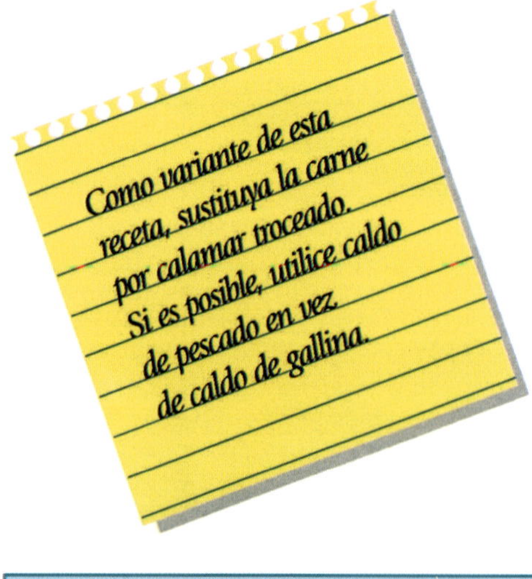

Tiempo de realización: 50 minutos	Calorías por ración: 415

Arroz tricolor

Ingredientes para 4 personas:
300 g de arroz de grano largo
300 g de langostinos pequeños
250 g de almejas (pepitonas) o chirlas
1 copa de vino blanco
2 cucharadas de aceite
1 diente de ajo picado
Unas hebras de azafrán (achiote, color)
100 g de espinacas cocidas y picadas
1/2 taza de tomate (jitomate) frito
2 cucharadas de mantequilla
2 cucharadas de harina
Sal y pimienta

Divida el arroz en 3 partes. Cocine los langostinos en 1 1/2 tazas de agua con sal, durante 3 minutos. Pele los langostinos y resérvelos. Cuele el líquido de la cocción y resérvelo. Ponga las almejas con el vino en una sartén y cocínelas a fuego vivo para que se abran. Cuele el líquido y reserve el caldo y las almejas por separado.

A continuación, caliente el aceite en una cazuela y dore el ajo. Agregue 1 parte de arroz y el doble en volumen de agua. Añada el azafrán, sale y cocine el arroz hasta que esté en su punto.

Cocine otra parte de arroz en el doble de cantidad de agua con sal que el volumen del arroz y cuando esté en su punto, mézclelo con las espinacas.

Cocine la última parte de arroz como la anterior y cuando esté tierno, mézclelo con el tomate frito.

Seguidamente, caliente la mantequilla en una sartén, dore ligeramente la harina e incorpore, poco a poco, los líquidos de cocción reservados, tanto el de los langostinos como el de las almejas. Sale y cocine el preparado hasta que se forme una bechamel clarita.

Por último, reparta los 3 arroces en 4 moldes, desmóldelos sobre platos de servir con la salsa preparada y sírvalos acompañados de los langostinos y las almejas.

Tiempo de realización: 1 hora — **Calorías por ración: 469**

Arroz con berberechos

Ingredientes para 4 personas:
✓ *350 g de arroz de grano redondo*
✓ *500 g de berberechos (chipi-chipi)*
✓ *1 1/2 l de agua*
✓ *5 cucharadas de aceite de oliva*
✓ *3 dientes de ajo picados*
✓ *150 g de pimientos (pimentones) rojos, asados y cortados en tiras*
✓ *2 cucharadas de vino blanco, seco*
✓ *Sal*

1

2

3

Vierta los berberechos en un colador y lávelos bien bajo un chorro de agua fría para que suelten toda la arena que contengan. Viértalos en una cazuela con el agua **(1)**, póngala al fuego y cuando los berberechos se abran, apártela del fuego, retire los berberechos, cuele el caldo y reserve ambos por separado.

A continuación, ponga el aceite en una cazuela al fuego y dore los ajos. Incorpore los pimientos **(2)** y fría ambos durante unos minutos; viértalos en la batidora junto con un poco del caldo de los berberechos y bata bien.

Seguidamente, vierta el batido en la cazuela al fuego, añada el vino blanco e incorpore el caldo restante. Sazone el preparado con sal al gusto y cuando rompa a hervir, agregue el arroz **(3)** y cocine a fuego lento durante 10 minutos.

Por último, incorpore los berberechos y cocine todo junto hasta que el arroz esté en su punto. Vierta el arroz en una fuente de servir, decórelo con una ramita de perejil y sírvalo.

Tiempo de realización: 45 minutos	Calorías por ración: 445

Moldes de arroz con mariscos

Ingredientes para 4 personas:
200 g de arroz de grano largo
300 g de gambas (camarones) cocidas
250 g de berberechos (chipi-chipi)
3 cucharadas de aceite
2 cebolletas (cebolla larga) picadas
1 diente de ajo picado
2 cucharadas de perejil picado
Sal y pimienta

Para la guarnición:
Salsa rosa

Cocine el arroz en abundante agua hirviendo con sal hasta que esté en su punto. Cuélelo y resérvelo.

Mientras tanto, pele las gambas y resérvelas. Ponga los berberechos en un recipiente con un poco de agua al fuego hasta que se abran. Sepárelos de las valvas y resérvelos.

A continuación, caliente el aceite en una sartén y rehogue las cebolletas y el ajo hasta que comiencen a dorarse. Añada las gambas picadas, reservando algunas enteras para la decoración, y cocine durante 1 minuto.

Seguidamente, incorpore el arroz, el perejil y los berberechos. Sazone con sal y pimienta y rehogue todo junto durante 3 o 4 minutos.

Por último, rellene 4 moldes pequeños con la preparación. Desmóldelos sobre platos y sírvalos decorados con las gambas reservadas y la salsa rosa.

Tiempo de realización: 30 minutos — Calorías por ración: 386

Anillo de arroz al perejil

Ingredientes para 4 personas:
250 g de arroz
4 cucharadas de mantequilla
2 cucharadas de cebolla picada
3 huevos separadas las claras de las yemas
1/2 taza de perejil picado
Sal

Cocine el arroz en abundante agua hirviendo con sal hasta que esté en su punto, pero no demasiado tierno. Cuélelo y resérvelo.

Mientras tanto, caliente la mantequilla en una sartén y rehogue la cebolla hasta que esté transparente. Añada el arroz cocido, mézclelo bien con la mantequilla, retire la sartén del fuego e incorpore las yemas y el perejil. Revuelva todo bien y resérvelo.

A continuación, bata las claras a punto de nieve y agréguelas a la mezcla anterior.

Seguidamente, una vez esté todo bien revuelto, viértalo en un molde de corona previamente engrasado con mantequilla. Nivele la superficie con una cuchara y cocine en el horno, precalentado a 190° C (375° F), durante 10 minutos.

Por último, desmóldelo y sírvalo rellenando el hueco central con salsa rosa o salsa de tomate.

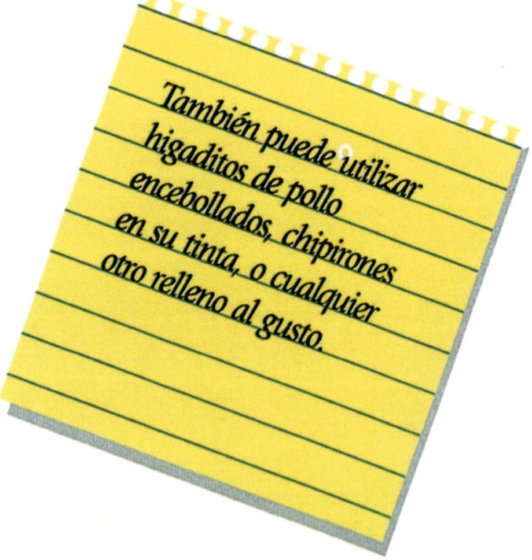

Tiempo de realización: 45 minutos	Calorías por ración: 358

Arroz con cangrejos

Ingredientes para 6 personas:

500 g de arroz
7 cucharadas de aceite
2 dientes de ajo picados
1 cebolla mediana, picada
4 calamares (chipirones, sepias) pequeños, cortados en aros
500 g de cangrejos de mar (jaibas)
150 g de gambas (camarones) peladas
150 g de guisantes (arvejas, chícharos)
El caldo de cocer las cáscaras de las gambas (el doble de cantidad que el volumen de arroz)
El zumo (jugo) de 1/2 limón
2 pimientos (pimentones) rojos de lata, cortados en trocitos
1/2 cucharadita de azafrán (achiote, color)
Sal

Caliente el aceite en una paellera y rehogue los ajos y la cebolla hasta que esta última esté transparente.

A continuación, agregue los calamares y los cangrejos, sale y rehogue todo junto durante 8 o 10 minutos.

Seguidamente, incorpore los guisantes y el arroz y revuelva todo bien. Rocíelo con el caldo y añada el zumo de limón, los pimientos y el azafrán. Rectifique la sazón y cocine a fuego medio durante 15 minutos. Agregue las gambas y continúe la cocción hasta que el arroz esté en su punto y haya absorbido todo el líquido.

Por último, retírelo del fuego, déjelo reposar unos minutos y sírvalo en la paellera.

Tiempo de realización: 50 minutos	Calorías por ración: 501

Arroz a la mexicana

Ingredientes para 4 personas:
300 g de arroz de grano largo
50 ml de aceite
4 dientes de ajo picados
1 cebolla pequeña, picada
2 tomates (jitomates) pequeños, pelados y picados
2 guindillas (ajíes, chiles serranos) picadas
2 zanahorias cortadas en daditos
50 g de guisantes (arvejas, chícharos)
4 tazas de caldo de pollo
Sal

Ponga el arroz en un recipiente cubierto con agua templada y déjelo reposar durante 5 minutos. Aclárelo y escúrralo.

A continuación, caliente el aceite en una cacerola y rehogue los ajos y la cebolla durante 2 o 3 minutos. Agregue el arroz y cocínelo, revolviendo con una cuchara de madera, hasta que esté transparente.

Seguidamente, añada a la cacerola los tomates picados y cocine todo durante 5 minutos. Incorpore las guindillas, las zanahorias y los guisantes. Rocíe todo con el caldo, sale y cocine a fuego lento durante 15 minutos hasta que el arroz esté en su punto.

Por último, retírelo del fuego, déjelo reposar durante 5 minutos y sírvalo decorándolo al gusto.

Tiempo de realización: 40 minutos	Calorías por ración: 421

Arroz con tomate y gambas

Ingredientes para 4 personas:

✓ *350 g de arroz de grano redondo*
✓ *4 cucharadas de aceite*
✓ *1 cebolla mediana, picada*
✓ *200 g de tomate (jitomate) triturado*
✓ *1 pimiento (pimentón) rojo, cortado en tiras*
✓ *1 hoja de laurel*
✓ *250 g de gambas (camarones)*
✓ *1 diente de ajo*
✓ *Unas hojas de perejil*
✓ *1 copa de vino blanco*
✓ *Sal*

1

2

3

Caliente el aceite en una sartén al fuego, añada la cebolla y deje que se dore ligeramente. Incorpore el tomate **(1)**, el pimiento y la hoja de laurel, déles unas vueltas y continúe cocinando 15 minutos más.

Mientras tanto, pele las gambas y cueza las cáscaras y las cabezas en una cacerola al fuego con 1 1/2 litros de agua. Cuele el caldo de la cocción, desechando las cáscaras, y resérvelo. Maje en un mortero el diente de ajo y las hojas de perejil **(2)**.

A continuación, pase el sofrito de tomate a una cazuela, añada el caldo reservado, el vino, sal y el majado de ajo y perejil y cocine todo junto a fuego lento, durante 20 minutos aproximadamente.

Seguidamente, incorpore el arroz **(3)** y continúe la cocción unos 15 minutos o hasta que el arroz esté cocido en su punto.

Por último, agregue las gambas, deje que den un hervor y sirva inmediatamente.

Tiempo de realización: 1 hora	Calorías por ración: 457

Arroz con picadillo

Ingredientes para 4 personas:
400 g de arroz de grano largo
3 cucharadas de aceite
2 dientes de ajo aplastados
1 cebolla picada
250 g de carne de cerdo (cochino, chancho) picada
500 g de tomates (jitomates) triturados
2 cucharadas de mantequilla
2 plátanos (bananos, cambures)
Sal y pimienta

Cocine el arroz en abundante agua hirviendo con sal hasta que esté en su punto. Cuélelo y resérvelo.

Caliente 1 cucharada de aceite en una cazuela, fría los ajos y cuando estén doraditos, retírelos. Agregue el arroz, revuelva bien para que se impregne del sabor del ajo y retire del fuego. Rellene un molde de corona con el arroz, presione bien para que adquiera la forma y reserve al calor.

A continuación, rehogue la cebolla en el aceite restante, agregue la carne y fríala unos minutos hasta que se ponga doradita.

Seguidamente, añada los tomates, sazone todo con sal y pimienta y cocine a fuego lento hasta que la salsa esté en su punto.

Mientras tanto, pele y corte los plátanos en tiras longitudinales. Caliente la mantequilla en una sartén y fría las tiras de plátano.

Por último, desmolde el arroz, vierta el picadillo en el centro y decore el plato con las tiras de plátano frito.

Tiempo de realización: 45 minutos	Calorías por ración: 439

Tortilla de paella

Ingredientes para 6 personas:

350 g de restos de paella con sus tropezones
10 huevos
3 cucharadas de aceite
1 cebolla mediana, picada
Sal

Corte los trocitos de carne, pollo, pescado, etc. de la paella y elimine los huesos, las cáscaras y las pieles.

A continuación, bata los huevos en un recipiente amplio, sálelos y agrégueles la paella con sus tropezones. Mezcle todo bien.

Seguidamente, caliente el aceite en una sartén grande y rehogue la cebolla hasta que comience a dorarse. Retírela con una espumadera, escúrrala e incorpórela al preparado anterior, mezclando todo bien.

Por último, vierta todo en la sartén y cuaje la tortilla por ambos lados. Sírvala acompañada de ensalada al gusto.

Si lo desea, también puede acompañar esta tortilla con salsa de tomate, servida en salsera aparte.

Tiempo de realización: 25 minutos	Calorías por ración: 374

Arroz con embutidos

Ingredientes para 4 personas:

350 g de arroz de grano redondo
6 cucharadas de aceite
100 g de jamón serrano, picado
50 g de longaniza cortada en rodajas
50 g de chorizo picante, cortado en rodajas
2 dientes de ajo
Unas ramitas de perejil
1 ñora (pimentón seco) puesta en remojo
5 cucharadas de tomate (jitomate) frito
Caldo de pollo (el doble de cantidad que el volumen del arroz)
Sal

Caliente el aceite en una cazuela de barro, añada el jamón, la longaniza y el chorizo y rehóguelos, revolviendo constantemente para que no se peguen, durante unos minutos.

A continuación, machaque en un mortero los ajos y el perejil. Agregue sal y la ñora escurrida y maje todo bien.

Seguidamente, incorpore a la cazuela el majado anterior, el tomate y el arroz. Mezcle todo bien, rocíelo con el caldo, rectifique la sazón y cocine hasta que el arroz esté en su punto.

Por último, retire del fuego, deje reposar unos minutos y sírvalo decorándolo al gusto.

Si lo desea puede sustituir el chorizo y la longaniza por otros embutidos más de su agrado.

Tiempo de realización: 30 minutos | **Calorías por ración: 590**

Ensalada de arroz integral

Ingredientes para 4 personas:

300 g de arroz integral
100 g de guisantes (arvejas, chícharos) cocidos
100 g de granos de maíz (choclo, elote) cocidos
1 pimiento (pimentón) rojo de lata, picado
1 cebolleta (cebolla larga) picada
6 cucharadas de aceite
1 1/2 cucharadas de vinagre
50 g de cacahuetes (cacahuates, maní) pelados y salados
Sal y pimienta negra

Cocine el arroz en abundante agua hirviendo con sal, durante 30 minutos o hasta que esté cocido, teniendo en cuenta que el arroz integral tarda más en cocerse que el arroz normal y que absorbe más cantidad de agua. Viértalo en un colador, páselo por un chorro de agua fría y escúrralo bien.

A continuación, viértalo en una ensaladera y agréguele los guisantes, el maíz, el pimiento y la cebolleta. Revuelva todo con cuidado y resérvelo.

Seguidamente, mezcle en un recipiente el aceite, el vinagre, sal y pimienta. Rocíe esta mezcla sobre la ensalada y revuelva bien para que el arroz tome el sabor de la vinagreta.

Por último, reparta los cacahuetes salados por encima de la ensalada y déjela enfriar totalmente antes de servir.

Tiempo de realización: 40 minutos	Calorías por ración: 526

Arroz con pulpo

Ingredientes para 4 personas:

- ✓ *400 g de pulpo*
- ✓ *1 copa de vino tinto*
- ✓ *6 cucharadas de aceite*
- ✓ *1 cebolla picada*
- ✓ *2 dientes de ajo picados*
- ✓ *3 tomates (jitomates) maduros, pelados y picados*
- ✓ *1 pimiento (pimentón) rojo, picado*
- ✓ *Salsa picante al gusto (opcional)*
- ✓ *250 g de arroz*
- ✓ *Perejil picado*
- ✓ *Sal y pimienta*

1

2

3

Lave muy bien el pulpo, póngalo en una olla, cúbralo con agua y el vino tinto, sale, ponga el recipiente al fuego y deje cocer durante 1 hora o hasta que esté bien tierno. Retírelo del agua y córtelo en rodajas **(1)**. Reserve el pulpo y el caldo por separado.

A continuación, caliente el aceite en una cacerola al fuego, añada la cebolla y los ajos y rehóguelos hasta que la cebolla esté transparente.

Incorpore a la cacerola los tomates y el pimiento y revuelva bien. Añada el pulpo, la salsa picante y sazone con sal y pimienta. Revuelva con una cuchara de madera **(2)** y cocine todo durante unos 10 minutos.

Por último, incorpore 3 tazas del caldo del pulpo reservado y cuando comience a hervir, agregue el arroz previamente lavado y escurrido **(3)**. Cocínelo durante 15 minutos, espolvoréelo con perejil picado y sírvalo inmediatamente. Este arroz debe quedar bien caldoso.

Tiempo de realización: 1 hora 45 minutos | **Calorías por ración: 450**

Arroz a la portuguesa

Ingredientes para 6 personas:

500 g de arroz
1 pollo de 1 1/2 kg cortado en trozos
30 g de manteca de cerdo (cochino, chancho)
150 g de tocino (tocineta) entreverado
2 dientes de ajo picados
1 cebolla picada
3 tomates (jitomates) maduros, picados
100 g de longaniza
Sal y pimienta recién molida

Limpie cuidadosamente el pollo, lávelo bien bajo un chorro de agua fría y sálelo.

A continuación, derrita la manteca de cerdo en una cazuela al fuego y fría el tocino. Incorpore los trozos de pollo y dórelos de manera uniforme.

Seguidamente, agregue los ajos, la cebolla, los tomates y la longaniza cortada en rodajas finas y continúe rehogando todo junto durante unos 15 minutos.

Por último, añada el arroz, deje que se dore, revolviéndolo con una cuchara de madera, y agregue la cantidad de agua equivalente al doble del volumen del arroz. Sazone con sal y pimienta y continúe la cocción durante aproximadamente 20 minutos. Sirva el plato enseguida.

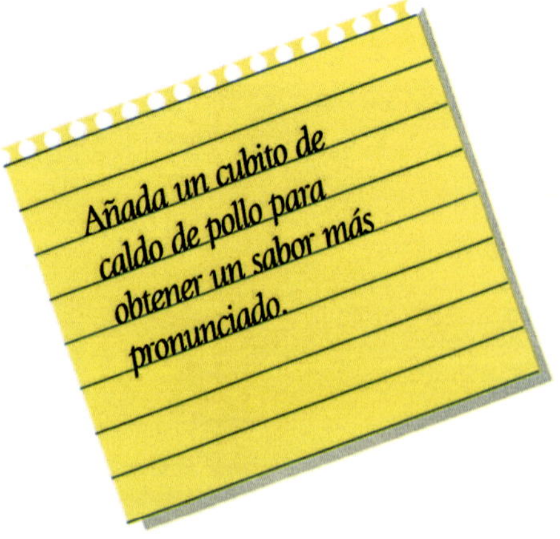

Tiempo de realización: 50 minutos	Calorías por ración: 758

Arroz con setas al cava

Ingredientes para 4 personas:
300 g de arroz de grano largo
2 cucharadas de mantequilla
1 cebolla pequeña, picada
1 diente de ajo picado
150 g de setas de cardo (hongos), cortadas en trozos
50 g de jamón serrano
1 botellín de cava (champagne)
1/2 l de caldo de carne o ave, hirviendo
1 cucharada de perejil picado
Sal y pimienta blanca recién molida

Caliente la mantequilla en una cazuela al fuego y rehogue la cebolla y el ajo durante 2 o 3 minutos. Añada las setas y rehóguelas 2 o 3 minutos más.

A continuación, agregue el arroz, el jamón y el cava, revuelva todo y cocínelo durante 5 minutos.

Seguidamente, incorpore el caldo y el perejil. Sazone con sal y pimienta y cocine todo junto a fuego vivo durante 15 minutos.

Por último, retire la cazuela del fuego, deje reposar el arroz durante 4 o 5 minutos y sírvalo.

Puede aromatizar este arroz con una trufa finamente picada. Le dará un toque muy especial.

Tiempo de realización: 40 minutos	Calorías por ración: 331

Arroz al curry

Ingredientes para 4 personas:

300 g de arroz de grano largo
2 cucharadas de mantequilla
1 cebolla pequeña, picada
1 l de caldo de pollo, hirviendo
1 cucharada de curry en polvo
30 g de pasas (uvas pasas) de Corinto, sin semillas
50 g de almendras peladas
Sal y pimienta

Caliente la mantequilla en una cazuela y rehogue la cebolla hasta que esté transparente. Agregue el arroz y rehóguelo unos minutos.

A continuación, añada el caldo, reservando una tacita para disolver el curry, y cocine a fuego lento durante 10 minutos.

Mientras tanto, disuelva el curry en el caldo reservado y pique las almendras, dejando unas cuantas enteras.

Seguidamente, agregue al arroz el curry disuelto, las pasas y las almendras picadas. Revuelva todo bien y continúe la cocción hasta que el arroz esté en su punto.

Por último, retire del fuego y agregue las almendras enteras. Sírvalo caliente decorándolo al gusto.

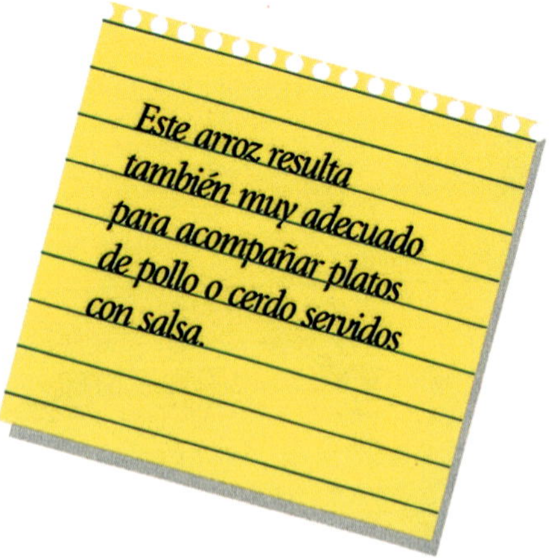

Tiempo de realización: 30 minutos	Calorías por ración: 337

Arroz brasileño

Ingredientes para 4 personas:
400 g de arroz de grano largo
3 cucharadas de aceite
2 cebolletas (cebolla larga) picadas
2 dientes de ajo picados
2 cucharadas de perejil picado
200 g de patatas (papas) cortadas en tiras muy finas
Aceite para freír
Sal

Cocine el arroz en abundante agua hirviendo con sal hasta que esté en su punto. Cuélelo y resérvelo.

Mientras tanto, caliente el aceite en una sartén grande y rehogue las cebolletas y los ajos durante 5 minutos.

A continuación, agregue a la sartén el arroz cocido y el perejil, sale y rehogue todo junto durante 2 o 3 minutos. Resérvelo al calor.

Seguidamente, caliente abundante aceite en otra sartén y fría las patatas, previamente saladas, hasta que estén doraditas.

Por último, sirva el arroz con las patatas fritas por encima o mezclado con ellas.

Tiempo de realización: 20 minutos	Calorías por ración: 361

Arroz Costa Brava

Ingredientes para 6 personas:

- ✓ *500 g de arroz de grano largo*
- ✓ *1 kg de mejillones (choro, moule)*
- ✓ *500 g de calamares (chipirones, sepias)*
- ✓ *12 cigalas medianas (langostinos)*
- ✓ *6 cucharadas de aceite*
- ✓ *2 cucharadas de tomate (jitomate) triturado*
- ✓ *1 diente de ajo pelado*
- ✓ *Agua caliente*
- ✓ *Sal*

1

2

3

Lave los mejillones, pasándolos por un chorro de agua fría y raspándolos para quitar toda la suciedad que tengan adherida. Limpie los calamares, trocéelos y lave las cigalas.

A continuación, ponga el aceite en la paellera y caliéntelo al fuego. Agregue el diente de ajo entero y fríalo hasta que esté dorado. Retírelo del recipiente y deséchelo.

Seguidamente, incorpore a la paellera los calamares troceados. Rehóguelos unos minutos, apártelos hacia un lado y agregue las cigalas **(1)**, rehogándolas y dándoles la vuelta para que se doren ligeramente.

Cuando los calamares y las cigalas estén rehogados, suba el fuego, añada los mejillones y deje que se abran. Una vez abiertos, incorpore el tomate y el arroz previamente medido **(2)**. Revuelva todo bien y agregue el agua, que deberá ser el doble de cantidad que el volumen del arroz **(3)**.

Por último, sazone al gusto y cocínelo a fuego moderado, hasta que el arroz esté en su punto, suelto y no demasiado hecho. Retírelo del fuego, cúbralo con un paño o con papel de estraza y déjelo reposar unos 10 minutos, antes de servirlo.

Tiempo de realización: 1 hora	Calorías por ración: 388

Corona de arroz con pimientos

Ingredientes para 4 personas:

300 g de arroz de grano largo
1 pimiento (pimentón) rojo, grande
1 pimiento (pimentón) verde, grande
3 cucharadas de aceite
2 dientes de ajo prensados
1 cucharada de vinagre
Sal

Cocine el arroz en abundante agua hirviendo con sal, hasta que esté en su punto.

Mientras tanto, ponga los pimientos en una bandeja refractaria y áselos en el horno, precalentado a 190° C (375° F). Cuando estén asados, pélelos y resérvelos.

A continuación, mezcle en un recipiente el aceite junto con los ajos y el vinagre. Rocíe esta mezcla sobre los pimientos, sálelos y revuelva todo bien.

Seguidamente, cuando el arroz esté en su punto, páselo por un chorro de agua fría, escúrralo bien y viértalo en un molde de corona.

Por último, desmolde la corona de arroz sobre una fuente redonda. Disponga los pimientos preparados en el centro de la misma, decórela al gusto y sírvala.

Esta receta sirve perfectamente como acompañamiento a carnes y pescados al horno.

Tiempo de realización: 30 minutos	Calorías por ración: 330

Arroz empedrado

Ingredientes para 4 personas:
200 g de arroz de grano redondo
2 cucharadas de aceite
1 cebolla pequeña, picada
3 tazas de caldo (podría ser caldo del cocido)
1 1/2 tazas de garbanzos cocidos (sobrantes del cocido)
Sal

Caliente el aceite en una cacerola y rehogue la cebolla hasta que esté transparente. Añada el arroz, rehóguelo ligeramente, revolviendo con una cuchara de madera, y rocíelo con el caldo.

A continuación, sálelo ligeramente, tape la cacerola y cuando comience a hervir, incorpore los garbanzos y cocine todo a fuego lento durante 20 minutos o hasta que el arroz esté en su punto.

Por último, retire la cacerola del fuego, deje reposar unos minutos y sírvalo bien caliente.

Otra forma de realizar esta receta es utilizando garbanzos o judías (frijoles) cocidos de bote. El caldo puede ser de carne, de pollo o bien de cubito.

Tiempo de realización: 25 minutos	Calorías por ración: 357

Pastel de arroz

Ingredientes para 4 personas:

300 g de arroz
2 huevos
6 cucharadas de nata (crema de leche) líquida
200 g de queso tipo gruyère
1 cucharada de mantequilla
2 cucharadas de pan rallado
1 taza de salsa de tomate
Sal

Ponga el arroz en una cacerola al fuego con abundante agua con sal y cocínelo hasta que esté en su punto. Escúrralo y déjelo enfriar.

A continuación, mezcle el arroz ya frío con los huevos previamente batidos y la nata. Ralle el queso e incorpórelo al arroz.

Seguidamente, engrase el fondo y las paredes de un molde redondo con la mantequilla y espolvoréelo con las 2 cucharadas de pan rallado.

Por último, vierta en el molde la mezcla preparada e introdúzcala en el horno precalentado a 180° C (350° F), durante unos 40 o 45 minutos. Desmóldelo y sírvalo con la salsa de tomate caliente, en salsera aparte.

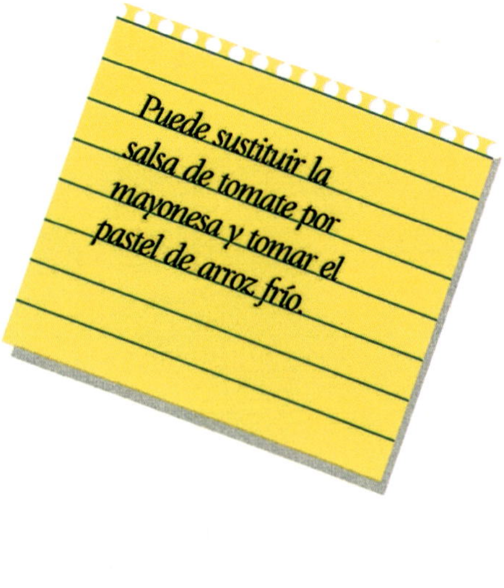

Tiempo de realización: 1 hora	Calorías por ración: 571

Pilaf con tomate

Ingredientes para 4 personas:

300 g de arroz de grano largo
100 g de mantequilla
3 cucharadas de concentrado de tomate
1 cucharadita de estragón picado
1 cucharadita de tomillo desmenuzado
500 ml de agua
Sal

Caliente la mantequilla en una cazuela al fuego, agregue el arroz y rehóguelo a fuego lento durante unos minutos para que se impregne bien de mantequilla.

A continuación, añada a la cazuela el concentrado de tomate, el estragón y el tomillo y cocine todo 3 o 4 minutos hasta que el arroz tome un tono dorado.

Seguidamente, incorpore el agua al preparado, sálelo y cocínelo durante 15 o 20 minutos hasta que el arroz esté tierno.

Por último, retire la cazuela del fuego y deje reposar el arroz durante 10 minutos, antes de servirlo decorado al gusto.

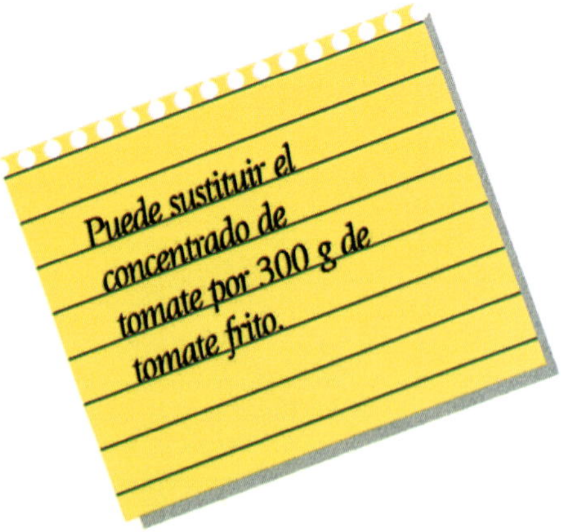

Tiempo de realización: 25 minutos	Calorías por ración: 412

Paella

Ingredientes para 4 personas:

✓ *300 g de arroz*
✓ *4 cucharadas de aceite*
✓ *1/2 pollo cortado en trozos pequeños*
✓ *1 cebolla picada*
✓ *2 calamares (chipirones, sepias) pequeños, limpios y cortados en trozos*
✓ *1/2 pimiento (pimentón) rojo, picado*
✓ *1/2 pimiento (pimentón) verde, picado*
✓ *2 tomates (jitomates) maduros, picados*
✓ *4 corazones de alcachofas*
✓ *2 dientes de ajo pelados*
✓ *1 cucharada de perejil picado*
✓ *Caldo de pollo (el doble de cantidad que el volumen del arroz)*
✓ *250 g de almejas (pepitonas)*
✓ *Unas hebras de azafrán (achiote, color)*
✓ *100 g de guisantes (arvejas, chícharos)*
✓ *250 g de gambas (camarones)*
✓ *Sal*

1

2

3

Caliente el aceite en una paellera grande al fuego, agregue el pollo y dórelo. Añada la cebolla **(1)** y rehóguela. Incorpore los calamares, los pimientos, los tomates y las alcachofas y rehogue todo durante 10 minutos.

A continuación, incorpore el arroz **(2)** y sofríalo hasta que comience a estar transparente.

Seguidamente, machaque en un mortero los ajos y el perejil e incorpórelos a la paellera junto con el caldo **(3)**, las almejas y el azafrán. Sale, revuelva todo bien y vierta los guisantes por encima. Cocine hasta que se consuma el caldo y el arroz esté en su punto. Unos minutos antes de terminar la cocción, ponga las gambas sobre la superficie del arroz.

Tiempo de realización: 50 minutos	Calorías por ración: 580

Arroz con conejo

Ingredientes para 6 personas:
500 g de arroz de grano redondo
1 conejo mediano, cortado en trozos
6 cucharadas de aceite
2 dientes de ajo picados
1 cebolla picada
2 zanahorias cortadas en rodajas
1 pimiento (pimentón) rojo, cortado en tiras
250 g de tomate (jitomate) triturado
Caldo de carne (el triple de cantidad que el volumen del arroz)
1 copa de vino blanco
1 hoja de laurel
1 ramita de tomillo
8 granos de pimienta negra
Sal

Caliente el aceite en una cacerola y dore los trozos de conejo, previamente sazonados. Retírelos, reservándolos aparte, y en el mismo aceite rehogue los ajos y la cebolla hasta que esta última esté transparente.

A continuación, agregue a la cacerola las zanahorias, el pimiento y el tomate y cocine todo junto unos 10 minutos. Incorpore el conejo reservado, el caldo, el vino, el laurel, el tomillo y la pimienta y deje cocer a fuego lento durante 30 minutos o hasta que el conejo esté tierno.

Seguidamente, agregue el arroz a la cacerola, rectifique la sazón y cocine durante 20 minutos o hasta que el arroz esté en su punto.

Por último, retire el arroz del fuego y déjelo reposar unos minutos antes de servir.

Tiempo de realización: 1 hora 15 minutos	Calorías por ración: 665

Arroz regental

Ingredientes para 6 personas:

400 g de arroz
1 pollo cortado en trozos
1 cebolla grande
150 g de mantequilla
1 diente de ajo picado
50 g de queso parmesano
2 cucharadas de harina
1 taza de leche
1 copa de vino blanco
1 cucharada de perejil picado
1 pimiento (pimentón) de lata, picado
Sal

Ponga el pollo en una olla, cúbralo con agua fría y agregue media cebolla y sal. Tape la olla y cocine todo a fuego lento hasta que el pollo esté tierno. Cuele y reserve el caldo y el pollo por separado.

A continuación, derrita la mitad de la mantequilla en una cacerola y rehogue la cebolla restante, previamente picada y el ajo. Agregue el arroz, rehóguelo unos segundos y cúbralo con 4 tazas del caldo de pollo reservado. Incorpore el queso, revuelva todo bien y cocine hasta que el arroz haya absorbido todo el líquido.

Mientras tanto, quite las pieles y los huesos al pollo y desmenúcelo.

Seguidamente, derrita la mantequilla restante en una sartén. Agregue la harina y rehóguela ligeramente. Incorpore la leche y el vino, revolviendo sin parar con una cuchara de madera y cocine hasta obtener una bechamel. Añada el pollo desmenuzado, mezcle todo bien y, si fuera necesario, agregue un poco más de leche.

Por último, ponga el arroz en un molde de corona, bien apretado, vuélquelo en una fuente de servir y ponga la salsa con el pollo en el hueco central. Decórelo con el perejil y pimiento morrón, y sírvalo caliente.

Tiempo de realización: 1 hora 40 minutos | Calorías por ración: 798

Arroz con nueces

Ingredientes para 4 personas:
250 g de arroz
Caldo (el doble de cantidad que el volumen del arroz)
2 dientes de ajo pelados
Una manojo de perejil
30 g de nueces peladas
4 cucharadas de aceite
50 g de queso parmesano, rallado
Sal y pimienta negra molida

Caliente el caldo en una cazuela, sálelo, agregue el arroz y cocínelo durante 20 minutos hasta que esté en su punto.

Mientras tanto, mezcle en un robot de cocina o una batidora potente los ajos, el perejil y las nueces, hasta que queden bien triturados. Agregue el aceite y el queso y bata todo junto hasta obtener una crema espesa.

Por último, cuando el arroz esté en su punto, déjelo reposar unos minutos y sírvalo con la crema preparada por encima y acompañado con calabacines, berenjenas o tallos de acelga, rehogados.

> Como variante de esta receta, puede sustituir el queso parmesano por gruyère y las nueces por avellanas o cacahuetes.

Tiempo de realización: 20 minutos	Calorías por ración: 371

Risotto de jamón y champiñones

Ingredientes para 6 personas:

✓ *500 g de arroz de grano redondo*
✓ *3 cucharadas de aceite*
✓ *1 cucharada de mantequilla*
✓ *1 cebolla picada*
✓ *100 g de jamón serrano, picado*
✓ *100 g de champiñones (hongos, setas) picados*
✓ *1 copa de vino blanco, seco*
✓ *Caldo*
✓ *1 cucharada de perejil picado*
✓ *Sal y pimienta*

1

2

3

Vierta el arroz en un colador grande, páselo por agua fría para que pierda el almidón y déjelo escurrir bien.

Mientras tanto, caliente el aceite y la mantequilla en una cazuela al fuego, añada la cebolla y rehóguela hasta que esté transparente.

A continuación, incorpore el jamón y los champiñones **(1)** y rehóguelos durante unos minutos.

Seguidamente, añada el arroz escurrido y sofríalo revolviendo todo bien **(2)**.

Por último, riegue con el vino **(3)** y agregue el caldo, calculando el triple de cantidad que de arroz. Sazone todo con sal y pimienta y cocine hasta que el arroz haya absorbido todo el líquido y esté "al dente". Espolvoréelo con el perejil picado y sírvalo inmediatamente.

Tiempo de realización: 45 minutos	Calorías por ración: 365

Arroz con ahumados

Ingredientes para 4 personas:

300 g de arroz de grano largo
8 huevos de codorniz
20 g de mantequilla
1 cebolleta (cebolla larga) muy picada
200 g de filetes de pescado ahumado (salmón, trucha, etc.)
2 cucharadas de nata (crema de leche) líquida
Una pizca de cayena
Una pizca de pimentón en polvo o paprika
1 cucharada de perejil picado
Sal

Cocine el arroz en agua hirviendo con sal durante 20 minutos o hasta que esté en su punto. Viértalo en un colador y déjelo escurrir.

Mientras tanto, cocine los huevos de codorniz hasta que estén duros. Enfríelos sumergiéndolos en agua fría y pélelos. Pique 4 huevos y los otros 4 córtelos por la mitad.

A continuación, caliente la mantequilla en una sartén grande y rehogue la cebolleta hasta que comience a dorarse.

Seguidamente, agregue a la sartén el arroz escurrido, los huevos picados y el pescado ahumado. Saltee todo durante 3 o 4 minutos, incorpore la nata y revuelva todo bien.

Por último, viértalo en una fuente de servir, espolvoree el perejil, la cayena y el pimentón sobre el arroz, decore el plato con los huevos reservados y sírvalo.

Si no puede conseguir huevos de codorniz, utilice huevos de gallina. Para la decoración, córtelos en rodajas.

Tiempo de realización: 30 minutos	Calorías por ración: 423

Moldes de arroz 2 salsas

Ingredientes para 4 personas:
300 g de arroz de grano largo
Agua (el doble de cantidad que el volumen del arroz)
250 g de gambas (camarones)
250 g de tomate (jitomate) frito
1 taza de mayonesa
Sal

Ponga el agua con un poco de sal en una cacerola al fuego y cuando rompa a hervir, cocine las gambas durante 2 minutos. Retírelas y resérvelas. Cuele el líquido de cocción y viértalo de nuevo en la cacerola.

A continuación, lave el arroz bajo un chorro de agua fría. Cuélelo y cocínelo en el caldo de cocción de las gambas, durante 20 minutos o hasta que esté en su punto.

Mientras tanto, caliente el tomate frito en otro recipiente al fuego.

Seguidamente, cuando el arroz esté cocinado y haya absorbido el líquido de cocción, páselo de nuevo por un chorro de agua fría para que quede más suelto.

Por último, cubra el fondo de una fuente de servir con el tomate frito. Utilizando moldes de corona individuales, forme con el arroz 4 aros y desmóldelos sobre el tomate. Rellene el hueco central de cada molde con la mayonesa y coloque de forma decorativa las gambas previamente peladas.

Puede sustituir las gambas por 250 g de pechuga de pollo cocinada durante 15 minutos y utilizando el líquido de cocción para el arroz. Trocee la pechuga para decorar los moldes.

Tiempo de realización: 25 minutos | **Calorías por ración: 690**

Arroz con bacalao

Ingredientes para 4 personas:

300 de arroz
4 cucharadas de aceite
1 diente de ajo pelado
250 g de tomates (jitomates) triturados
1/2 pimiento (pimentón) rojo, cortado en tiras
4 alcachofas cortadas en cuartos
50 g de guisantes (arvejas, chícharos)
100 g de bacalao (abadejo, mojito, reyezuelo) desalado y desmenuzado
Agua hirviendo (el doble de cantidad que el volumen del arroz)
Sal

Caliente el aceite en una cazuela al fuego, sofría ligeramente el ajo, agregue los tomates y rehóguelos a fuego lento durante 10 minutos.

A continuación, incorpore el pimiento, las alcachofas, los guisantes y el bacalao desalado. Rehogue todo junto durante 10 minutos.

Seguidamente, incorpore el arroz a la cazuela, mezcle todo bien y cubra con el agua previamente medida. Sazone ligeramente y cocine durante 20 minutos o hasta que el arroz esté en su punto.

Por último, retire el preparado del fuego, déjelo reposar durante 5 minutos y sírvalo caliente.

Es preferible probar la sazón a mitad de la cocción del arroz y añadir algo de sal si fuese necesario, ya que el bacalao aunque haya sido desalado previamente, suele seguir conservando bastante sal.

Tiempo de realización: 45 minutos | **Calorías por ración: 472**

Arroz con café

Ingredientes para 4 personas:

✓ *2 l de leche*
✓ *1/2 taza de azúcar*
✓ *1/2 taza de arroz*
✓ *1/2 taza de café*

Ponga la leche en una cacerola al fuego (1) junto con el azúcar. Revuélvala bien para que el azúcar se disuelva y cocínela durante unos minutos.

A continuación, ponga el arroz en un colador, lávelo bajo un chorro de agua fría, escúrralo bien y agréguelo a la leche (2) previamente calentada. Cocínelo a fuego lento, revolviendo frecuentemente, durante 1 hora.

Seguidamente, cuando el arroz esté casi en su punto, incorpore el café (3). Mézclelo bien y termine la cocción.

Por último, retire la cacerola del fuego, vierta el arroz en recipientes individuales y sírvalo frío o caliente, al gusto.

1

2

3

Tiempo de realización: 1 hora 10 minutos | Calorías por ración: 532

Arroz de leche con pasas

Ingredientes para 6 personas:

200 g de arroz
1 l de leche
500 ml de agua
1 ramita (palito) de canela
250 g de azúcar (o más, al gusto)
50 g de pasas
Una pizca de sal

Ponga el arroz en remojo durante 4 o 5 horas aproximadamente.

A continuación, mezcle en una cacerola de fondo grueso la leche y el agua, póngala al fuego y, cuando comience la ebullición, añada el arroz, previamente colado, dejándolo cocer a fuego lento durante 10 minutos.

Seguidamente, incorpore el azúcar, la canela y las pasas. Agregue más leche si fuera necesario y deje cocer el arroz a fuego muy lento, revolviéndolo de vez en cuando con una cuchara de madera, hasta que el arroz haya absorbido el líquido y tenga la consistencia de una crema.

Por último, añada la sal, mézclela bien y sirva el arroz en un recipiente de cristal, caliente o frío.

Para la preparación de esta receta es preferible la utilización de arroz de grano redondo, ya que produce más crema que el de grano largo.

Tiempo de realización: 1 hora 20 minutos	Calorías por ración: 399

Arroz a la zarina

Ingredientes para 4 personas:
150 g de arroz de grano redondo
2 tazas de leche
150 g de azúcar glass (glacé, impalpable)
2 melocotones (duraznos) o 4 mitades si son en almíbar
3 hojas de gelatina sin sabor
2 tazas de crema inglesa
100 g de nata (crema de leche) batida con azúcar
1 clara de huevo

Cocine el arroz en una cazuela con la leche, durante 10 minutos. Añada el azúcar, revuelva todo y cocínelo a fuego muy lento hasta que el arroz haya absorbido toda la leche. Retírelo del fuego y resérvelo.

Mientras tanto, pique los melocotones en trocitos pequeños y disuelva la gelatina en un poquito de agua. Bata la clara de huevo a punto de nieve y mézclela cuidadosamente, con movimientos envolventes, con la nata montada.

A continuación, agregue al arroz los melocotones, la gelatina disuelta y la crema inglesa. Mezcle bien, incorpore la nata con la clara y reparta la preparación en 4 moldes individuales. Déjelos enfriar completamente para que estén bien cuajados.

Por último, desmolde el arroz sobre una fuente de servir, decórelo si lo desea con unos gajos de melocotón o al gusto y sírvalo.

Puede sustituir los melocotones por cerezas o guindas en almíbar.

Tiempo de realización: 30 minutos	Calorías por ración: 676

Las pastas

El origen de las pastas ha sido siempre muy discutido, ya que parece incierto que su cuna sea China y que Marco Polo fuese el introductor de las mismas al regreso de sus viajes por el Lejano Oriente. De hecho, existen documentos del siglo XI que ya mencionan la existencia de los macarrones en la isla de Sicilia. Pero remontándonos a fechas anteriores, existen vestigios históricos y arqueológicos que demuestran que tanto los griegos como los romanos consumían este tipo de alimentos. Es más, en algunas pinturas etruscas aparecen los utensilios típicos para la preparación de las pastas, siendo éstos los vestigios más antiguos de los que hay representación fehaciente.

Cuando mencionamos la palabra pasta, nos viene a la memoria, indefectiblemente, la amplia variedad de las pastas italianas, que frescas o secas, son las más consumidas actualmente en la mayor parte de los países, pero no hay que olvidar que dentro de esta denominación debemos incluir las empanadillas, las empanadas, los ñoquis y también algunas otras que son de origen exclusivamente oriental.

La pasta más consumida, es decir, la de origen italiano, puede encontrarse en los comercios, en dos versiones: fresca, que se debe conservar en el frigorífico y consumirla con la mayor rapidez posible, y seca, que aunque se conserva durante un periodo más largo, también tiene su fecha de caducidad.

La preparación industrial de la pasta es relativamente reciente, pues se remonta a principios del siglo XVIII, y aunque los métodos técnicos han evolucionado con los avances lógicos de los descubrimientos que se han ido produciendo a lo largo de los años, la forma en que se fabrica sigue siendo muy similar. Se utiliza sémola procedente de trigos duros, y aguas blandas, es decir con un bajo contenido en cal. Las denominadas pastas al huevo contienen en su composición unos 5 huevos por kilo de sémola. Algunas también incorporan espinacas, zanahoria, remolacha y otras hierbas y hortalizas. Por otro lado, se pueden obtener en la actualidad pastas integrales, pero su consumo no está tan difundido, a pesar de sus indudables ventajas para los procesos digestivos y de sus mayores aportes vitamínicos. Las pastas que se consumen en Oriente están elaboradas en la mayor parte de los casos a base de harina de arroz, aunque también en algunas ocasiones se confeccionan con harinas de cereales.

Las pastas se pueden considerar de cuatro tipos fundamentales.

En primer lugar, las pastas para rellenar o rellenas. Entre éstas tenemos a la LASAÑA, que es una pasta fina comercializada en láminas de 7 x 10 cm aproximadamente y que se prepara en capas con distintos rellenos, generalmente a base de carnes picadas y salsa de tomate y bechamel. En la misma categoría están los CANELONES, que se pueden encontrar abiertos o cerrados. En el primer caso es necesario ponerlos en remojo previamente para proceder a enrollarlos con el relleno. La longitud de los canelones suele ser de 7 a 8 cm.

Entre las pastas rellenas podemos encontrar los RAVIOLIS, que tienen forma de cuadraditos y se pueden adquirir rellenos con carne seca y los TORTELLINI, en forma de tubos pequeños con las puntas semiunidas y que también se venden ya rellenos.

A continuación, nos referiremos a las pastas largas: entre ellas están los ESPAGUETIS, que se encuentran de diferentes grosores y que

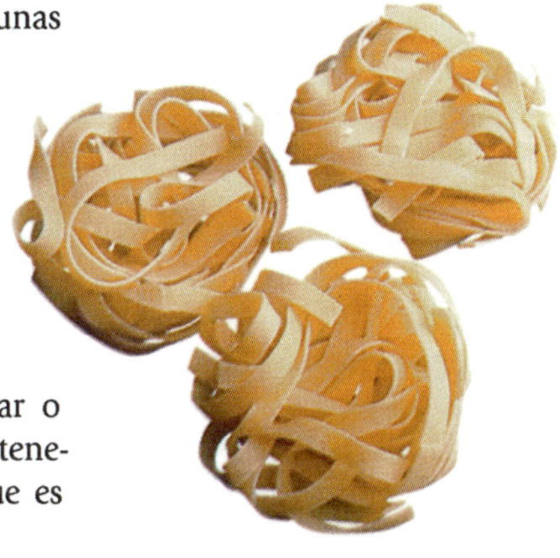

en función de su diámetro reciben el nombre de VERMICELLI, ESPAGUETINI o CAPELLINI; cuando son ondulados, se llaman FUSILLI. También dentro de esta categoría se incluyen los MACARRONES, que son tubos de pasta, largos o cortos, y que al igual que los anteriores, se expenden en distintos calibres.

Por último mencionaremos las CINTAS, también denominadas TALLARINES y que como su nombre in-

dica son unas largas cintas de 5 a 8 mm de anchura.

A continuación, pasaremos revista a las llamadas pastas cortas, que existen en diferentes tamaños y variedades y que se utiliza indistintamente en la mayoría de las recetas. Las más conocidas y usuales son las ESPIRALES, las CONCHAS, los DITALI, parecidos a un dedal sin cabeza, los PENNE, especie de macarrones cortos, los RIGATONI, algo más gruesos que los anteriores, las MARIPOSAS o FARFALLE, los CODITOS y tantas otras variedades.

Por último, y dentro de este tipo de pastas, debemos recordar las pastas para sopa, entre las que caben destacar los FIDEOS, en diferentes grosores, las ESTRELLITAS, las LETRAS y los DITALINI, variedad más pequeña de los ditali.

En cuanto a las pastas orientales, las más importantes son las que se preparan con harina de trigo y huevo, las elaboradas con pasta de arroz, las transparentes a base de brotes de judías y de harina de maíz y algunas otras de escasa implantación.

ELABORACIÓN DE LAS PASTAS

Las pastas pueden prepararse en casa de forma artesanal y los resultados suelen ser excelentes. Si se dispone de una máquina eléctrica para la preparación, la operación es fácil y rápida, en caso contrario es algo más engorrosa. Para la formación de la pasta base, se necesitan huevos, aceite de oliva, harina de trigo duro, también denominada de fuerza, y sal. Como ejemplo diremos que, para una cantidad de 500 g de harina hacen falta 5 huevos, 2 1/2 cucharadas de aceite y una cucharada, de las de café, de sal.

Si no se dispone de la máquina eléctrica mencionada, podemos hacer la pasta con la ayuda de un robot de cocina y a continuación cortarla con una máquina manual o simplemente con la ayuda de un rodillo y un cortapastas.

Las salsas son junto con las hierbas y el queso los elementos que comple-

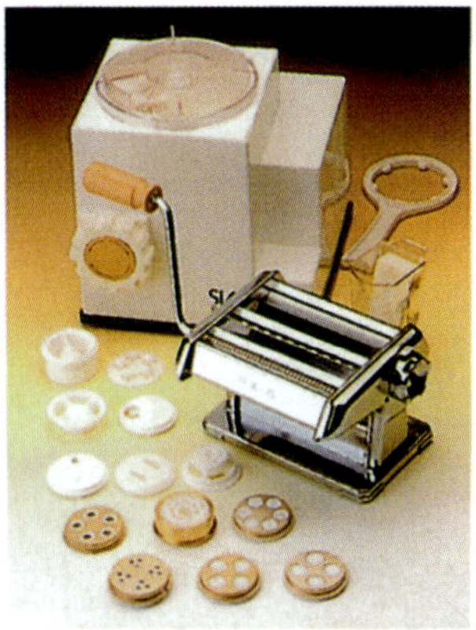

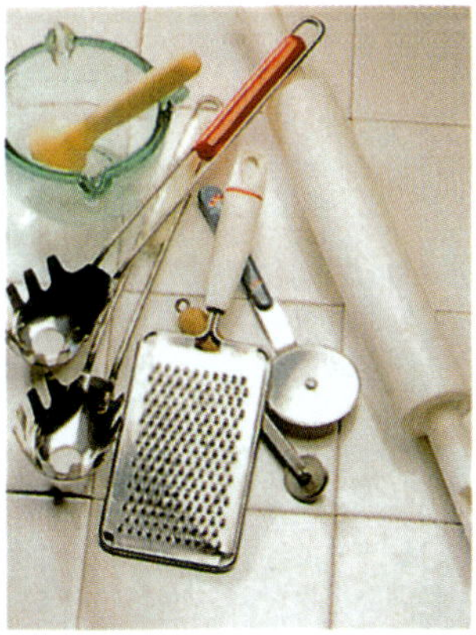

mentan la preparación de las pastas. Los ingredientes más utilizados en su preparación son el tomate y la nata, aunque las variedades de salsas para las pastas son casi infinitas. En cuanto a las hierbas, las más utilizadas son la albahaca, la salvia, el laurel y el perejil. Sin olvidar el ajo, aunque no se trate de una hierba, pero que se usa con profusión en la preparación de las recetas de pasta.

Por último, algunos consejos para hervir correctamente la pasta. En cuanto a los quesos, debemos utilizar diferentes tipos, pasando por los más frescos como el mozzarella hasta los más fuertes como el parmesano o el gruyère.

En primer lugar, resaltar que la pasta no debe cocer excesivamente, aunque tampoco debe quedar correosa ni guardar el sabor a harina. Para ello lo más apropiado es probarla varias veces a lo largo del proceso de cocción. Se debe utilizar una cazuela con abundante agua y es conveniente añadir un poco de aceite o mantequilla, lo que evitará que se pegue. Cuando el agua comience a hervir, vierta la pasta y remueva de vez en cuando, con suavidad. Recuerde que la pasta fresca necesita casi la mitad de tiempo de cocción que el que necesita la pasta seca. Una vez terminado el proceso, vierta la pasta en un colador, y una vez bien escurrida, mézclela con la salsa que vaya a utilizar.

Aunque la pasta se puede conservar, pasándola brevemente por agua fría y calentándola después, es mucho más sabrosa si se consume recién cocida.

Las mejores recetas

Espaguetis marineros

Ingredientes para 4 personas:

✓ *350 g de espaguetis (fideos)*
✓ *1 cucharada de mantequilla*
✓ *2 cucharadas de aceite de oliva*
✓ *3 dientes de ajo picados*
✓ *Un trozo de guindilla (ají, chile) (opcional)*
✓ *2 cucharadas de perejil picado*
✓ *350 g de gambas (camarones) grandes o langostinos*
✓ *1 copa de vino blanco*
✓ *Sal*

1

Ponga una cazuela al fuego con agua abundante. Añádale la mantequilla **(1)** y sal y cuando rompa a hervir, incorpore los espaguetis y cocine hasta que estén "al dente".

Mientras tanto, caliente el aceite en una sartén al fuego. Añada los ajos y dórelos ligeramente. Agregue la guindilla si la utiliza, el perejil y las gambas previamente peladas y saltéelo todo a fuego vivo **(2)**.

2

A continuación, riegue con el vino, deje cocer todo junto un par de minutos, y aparte del fuego.

Cuando los espaguetis estén en su punto, viértalos en un colador grande y, una vez bien escurridos, póngalos en una fuente.

Por último, incorpore la salsa de gambas **(3)**, revuelva para que los espaguetis se impregnen bien y sírvalos enseguida.

3

Tiempo de realización: 20 minutos	Calorías por ración: 325

Pasta con almejas y maíz

Ingredientes para 4 personas:
400 g de pasta (puede tener cualquier forma)
500 g de almejas (chirlas, chipi-chipi, pepitonas)
1 vasito de agua
1 cucharada de mantequilla
1 cebolla pequeña, picada
1 cucharada de harina
1 taza de leche
1 vasito de vino blanco seco
50 g de maíz (elote) desgranado y cocido
2 cucharadas de queso rallado
Sal

Cocine la pasta en abundante agua hirviendo con sal, hasta que esté "al dente".

Mientras tanto, ponga las almejas, bien lavadas, en una sartén con el agua, y cocine a fuego fuerte hasta que se abran. Cuele el líquido y separe los moluscos de las valvas.

A continuación, caliente la mantequilla en una sartén y sofría la cebolla lentamente hasta que esté transparente. Agregue la harina, rehogue ligeramente e incorpore el líquido de las almejas y la leche, poco a poco, revolviendo con una cuchara de madera.

Seguidamente, añada el vino, revuelva todo bien, sazone e incorpore las almejas.

Por último, mezcle la pasta escurrida con la salsa preparada y el maíz desgranado y antes de servir, espolvoree con el queso rallado.

Para que no se le enfríe el plato al incorporarle el maíz, caliéntelo previamente en el microondas unos minutos. Si no dispone de él, escáldelo en un cacito con agua al fuego.

Tiempo de realización: 25 minutos | **Calorías por ración: 320**

Macarrones a la crema de queso

Ingredientes para 4 personas:

300 g de macarrones
50 g de mantequilla
1 cucharadita de harina
1 taza de leche
75 g de queso mozzarella
75 g de queso gruyère
2 cucharadas de vino blanco
50 g de queso parmesano rallado
Sal y pimienta negra

Cocine los macarrones en abundante agua hirviendo con sal, hasta que estén "al dente".

Mientras tanto, derrita la mantequilla en una sartén. Añada la harina, sofría ligeramente, incorpore la leche y cocine, sin dejar de revolver, hasta que espese ligeramente.

A continuación, agregue la mozzarella, el gruyère y el vino y continúe la cocción hasta que los quesos se derritan y se forme una crema homogénea. Sazone con sal y pimienta.

Por último, escurra los macarrones, mézclelos con la salsa preparada y sírvalos disponiendo aparte el queso parmesano.

Si prepara la salsa de antemano y quiere mantenerla caliente, hágalo sumergiendo el cazo en un recipiente con agua bien caliente.

Tiempo de realización: 25 minutos | **Calorías por ración: 379**

Fettuccini con caviar

Ingredientes para 4 personas:

400 g de fettuccini (espaguetis, fideos, tallarines)
1 cucharada de aceite
1 cucharada de mantequilla
125 ml de leche
100 ml de nata (crema de leche) líquida
25 g de queso parmesano rallado
1 huevo
1 clara de huevo
50 g de caviar o huevas de mújol
Sal y pimienta

Cocine la pasta en abundante agua hirviendo con sal y el aceite, hasta que esté "al dente". Escurra y reserve al calor.

Mientras se cocina la pasta, ponga la mantequilla en una cazuela y derrítala. Bata en un recipiente la leche junto con la nata, el queso, el huevo entero y la clara e incorpore la mezcla a la cazuela con la mantequilla. Cocine hasta que espese ligeramente, revolviendo sin parar con una cuchara de madera o con un batidor manual, y sazone con sal y pimienta. Revuelva bien y añada el caviar.

Por último, agregue la salsa preparada a la pasta escurrida, mezcle todo bien y sirva el plato caliente.

> Si lo desea puede sustituir las huevas de mújol por huevas de salmón o de otro pescado. Existen diferentes sucedáneos de caviar.

Tiempo de realización: 20 minutos	Calorías por ración: 353

Espaguetis con tomate y almejas

Ingredientes para 4 personas:

400 g de espaguetis (fideos, tallarines)
500 g de almejas (chirlas, chipi-chipi, pepitonas)
3 cucharadas de aceite
2 dientes de ajo, picados
500 g de tomate (jitomate) triturado, de lata
1 cucharada de perejil picado
Sal y pimienta

Caliente el aceite en una sartén y rehogue los ajos. Añada el tomate y el perejil y cocine a fuego lento durante 10 minutos.

Mientras tanto, ponga las almejas bien lavadas en una sartén con un poco de agua y cocine a fuego fuerte hasta que se abran. Filtre el caldo y separe los moluscos de las valvas.

A continuación, agregue a la sartén con el tomate el caldo de las almejas, sazone con sal y pimienta y cocine unos minutos más.

Seguidamente, cocine los espaguetis en abundante agua hirviendo con sal, hasta que estén "al dente".

Por último, añada las almejas a la salsa de tomate. Escurra los espaguetis y sírvalos bien calientes, con la salsa por encima y, si lo desea, espolvoreados con perejil picado.

Puede sustituir las almejas por berberechos. Tienen un sabor más intenso a mar.

Tiempo de realización: 30 minutos	Calorías por ración: 421

Lasaña de carnes

Ingredientes para 4 personas:

✓ *1 paquete de hojas de pasta para lasaña*
✓ *300 g de carne de cerdo (cochino, chancho) picada*
✓ *300 g de carne de vaca (res) picada*
✓ *4 cucharadas de aceite*
✓ *1 cebolla picada*
✓ *1 diente de ajo picado*
✓ *2 tazas de puré de tomate (jitomate)*
✓ *Orégano seco*
✓ *2 tazas de bechamel*
✓ *6 cucharadas de queso gruyère rallado*
✓ *1 cucharada de mantequilla*
✓ *6 cucharadas de queso parmesano rallado*
✓ *Sal y pimienta negra recién molida*

1

2

3

Caliente el aceite en una sartén y sofría la cebolla y el ajo durante 10 minutos.

Incorpore las carnes **(1)** y fríalas hasta que estén sueltecitas. Sazone con sal y pimienta al gusto, añada el puré de tomate **(2)** y el orégano y cocine 10 minutos más.

Mientras tanto, cocine la pasta en abundante agua con sal hasta que esté "al dente". Refresque en agua fría y reserve.

Seguidamente, arme la lasaña. Cubra el fondo de una fuente refractaria con una capita fina de bechamel y coloque una capa de pasta. Cúbrala con carne **(3)**, después con bechamel y continúe formando capas siempre en el mismo orden, terminando con una capa de bechamel.

Por último, espolvoree la superficie con el queso gruyère rallado, reparta la mantequilla en trocitos e introduzca en el horno, precalentado a 180° C (350° F), durante unos minutos, hasta que la superficie esté dorada. Sírvala acompañada con el queso parmesano rallado servido aparte.

Tiempo de realización: 40 minutos | **Calorías por ración: 687**

Macarrones napolitana

Ingredientes para 4 personas:

300 g de macarrones
3 cucharadas de aceite
1 cebolla picada
1 diente de ajo picado
500 g de tomate (jitomate) triturado
200 g de queso mozzarella cortado en tiritas
Sal y pimienta negra recién molida

Cocine los macarrones en abundante agua hirviendo con sal, hasta que estén "al dente". Escúrralos y reserve.

Mientras tanto, caliente el aceite en una sartén y sofría la cebolla y el ajo durante unos minutos. Incorpore los tomates, sazone con sal y pimienta y fría a fuego lento durante 10 minutos.

A continuación, mezcle los macarrones escurridos con el queso mozzarella y cocine a fuego lento 2 o 3 minutos para que el queso se ablande.

Por último, agregue la salsa de tomate, revuelva todo bien y sirva.

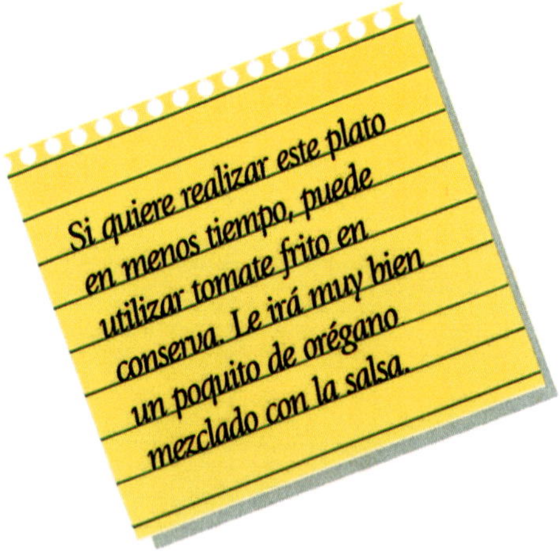

Tiempo de realización: 25 minutos	Calorías por ración: 355

Lazos con salmón

Ingredientes para 4 personas:

400 g de pasta (lazos, fideos, espaguetis)
2 cucharaditas de mostaza
2 cucharadas de eneldo fresco, picado
1 cucharada de zumo (jugo) de limón
300 g de yogur natural
150 g de salmón ahumado en lonchas finas
Unas rodajas de pepino (cohombro) para adornar
Sal

Cocine la pasta en abundante agua hirviendo con sal, hasta que esté "al dente". Escúrrala, pásela por agua fría, escurra de nuevo y reserve.

A continuación, mezcle en un recipiente la mostaza, el eneldo, el zumo de limón y el yogur. Agregue la pasta, sazone y revuelva bien para mezclar los sabores.

Por último, incorpore el salmón, cortado en trocitos, adorne con las rodajas de pepino y sirva el plato.

Si lo desea, puede sustituir el salmón ahumado por salmón marinado. Le dará un toque suave y delicado al plato. Si no dispone de eneldo, sustitúyalo por otra hierba de su gusto.

Tiempo de realización: 20 minutos	Calorías por ración: 220

Macarrones a las hierbas

Ingredientes para 4 personas:

300 g de macarrones
3 cucharadas de aceite
1 diente de ajo picado
1 cebolla mediana, picada
1 zanahoria pequeña, picada
2 tallos de apio (celerí) picados
1 cucharadita de albahaca picada
1 cucharadita de perejil picado
250 g de carne de ternera picada
1/2 vaso de vino tinto
2 cucharadas de salsa de tomate (jitomate)
1 cucharadita de extracto de carne
50 g de queso parmesano rallado
Sal y pimienta

Cocine los macarrones en abundante agua hirviendo con sal, hasta que estén "al dente". Escúrralos y reserve.

Mientras tanto, caliente el aceite en una sartén grande y rehogue el ajo y la cebolla unos minutos. Incorpore la zanahoria, el apio, la albahaca y el perejil y cocine a fuego lento durante 10 minutos. Si fuera necesario, añada un poquito de agua para que no se resequen las hortalizas.

A continuación, agregue la carne y cocine 4 o 5 minutos más. Incorpore el vino, la salsa de tomate y el extracto de carne y cocine hasta que todo esté tierno. Sazone con sal y pimienta.

Por último, mezcle la salsa preparada con los macarrones cocinados, espolvoree con el queso parmesano y sírvalos bien calientes.

Tiempo de realización: 40 minutos	Calorías por ración: 380

Paja y heno a la carbonara

Ingredientes para 4 personas:

350 g de tallarines (cintas, espaguetis) al huevo y con espinacas, mezclados
1 cucharada de aceite
150 g de bacon (tocineta) cortado en trocitos
4 yemas de huevo
3 cucharadas de nata (crema de leche) líquida
Sal y pimienta negra recién molida

Cocine la pasta en abundante agua hirviendo con sal, hasta que esté "al dente".

Mientras tanto, caliente el aceite y saltee el bacon hasta que esté crujiente.

A continuación, bata las yemas de huevo junto con la nata, sal y pimienta, y reserve.

Por último, escurra la pasta, agréguele el bacon y las yemas batidas con la nata, revuelva todo bien y sirva el plato inmediatamente.

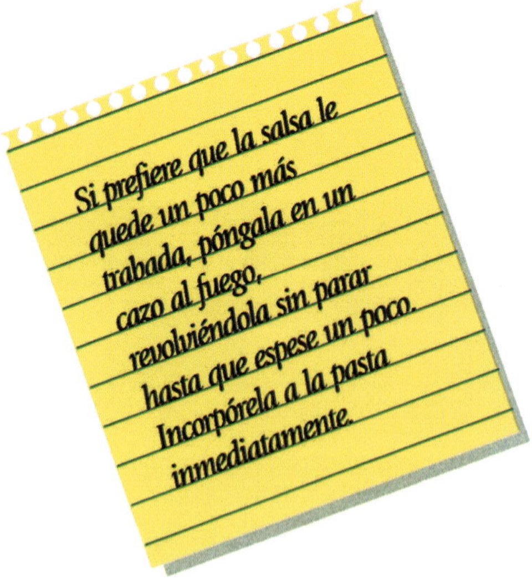

Tiempo de realización: 20 minutos	Calorías por ración: 473

Gratín de pasta y verduras

Ingredientes para 6 personas:

- ✓ *500 g de pasta menuda (plumas, macarrón cortado, espirales, lazos, etc.)*
- ✓ *2 pimientos (pimentones) verdes, troceados*
- ✓ *1 cucharada de mantequilla*
- ✓ *4 tomates (jitomates) medianos, cortados en rodajas*
- ✓ *1 calabacín (calabacita, chauchita, zucchini) pequeño, cortado en rodajas*
- ✓ *1 cebolla mediana, cortada en rodajas*
- ✓ *200 g de chorizo*
- ✓ *250 g de queso en lonchas*
- ✓ *4 huevos*
- ✓ *1 cucharadita de maicena (fécula de maíz)*
- ✓ *250 ml de leche*
- ✓ *Sal y pimienta molida*

1

2

3

Caliente abundante agua con sal y cuando rompa a hervir cocine la pasta y los pimientos **(1)**. Escurra, separe la pasta y los pimientos y reserve.

Engrase una fuente refractaria con la mantequilla y vierta en ella la pasta. Coloque sobre ella los pimientos y las rodajas de verdura, intercalando el chorizo y las lonchas de queso **(2)**.

Bata los huevos con la leche, la maicena y sal y pimienta, viértalos sobre el preparado anterior **(3)** e introdúzcalo en el horno, precalentado a 180° C (350° F), hasta que las verduras estén tiernas y la superficie dorada.

Tiempo de realización: 30 minutos	Calorías por ración: 498

Macarrones con salchichas

Ingredientes para 4 personas:

300 g de macarrones
4 cucharadas de aceite
1 cebolla pequeña, picada
500 g de tomate (jitomate) triturado
1 cucharadita de azúcar
4 salchichas frescas rojas, cortadas en trocitos
1 cucharada de albahaca fresca picada
150 g de queso mozzarella cortado en trocitos
Sal y pimienta negra molida

Cocine los macarrones en abundante agua hirviendo con sal, hasta que estén "al dente".

Mientras tanto, caliente el aceite en una sartén y rehogue la cebolla. Incorpore los tomates y el azúcar y cocine 10 minutos. Sazone con sal y pimienta y revuelva todo bien.

En una sartén aparte, saltee las salchichas y, cuando la salsa esté lista, agréguele las salchichas doradas y la albahaca.

A continuación, escurra los macarrones y mézclelos con la salsa. Vierta todo en una fuente de barro, coloque por encima el queso e introdúzcala en el horno, con el gratinador encendido, durante 10 minutos o hasta que el queso se derrita. Sirva inmediatamente.

Al saltear las salchichas, hágalo con el fuego vivo para que se doren un poco. Deseche la grasa que suelten.

Tiempo de realización: 35 minutos	Calorías por ración: 436

Vermicelli a la cantonesa

Ingredientes para 4 personas:

300 g de vermicelli (espaguetis, fideos)
2 cucharadas de aceite
5 dientes de ajo picados
1 cebolla pequeña, picada
350 g de carne magra de cerdo (cochino, chancho) cortada en trocitos
1/2 pimiento (pimentón) rojo, cortado en tiritas
2 calabacines pequeños (calabacitas, chauchitas, zucchini) cortados en rodajas finas
2 cucharadas de jerez seco
2 cucharadas de salsa de soya
1 taza de caldo de carne
250 g de gambas (camarones)
Sal

Cocine la pasta en abundante agua hirviendo con sal, hasta que esté "al dente". Escúrrala y reserve en caliente. Pele las gambas y reserve las colas.

Mientras tanto, caliente el aceite y rehogue los ajos junto con la cebolla. Cuando estén transparentes, agregue la carne y, una vez que esté dorada, incorpore las verduras, el jerez, el caldo, la salsa de soya y la sal. Cocine a fuego bajo durante 15 minutos, añada las colas de las gambas y cocine 1 minuto más.

Por último, mezcle la salsa preparada con los vermicelli, revuélvalo todo bien y sirva muy caliente.

Si no dispone de jerez, puede utilizar vino blanco en su lugar, siempre que éste no sea dulce.

Tiempo de realización: 35 minutos	Calorías por ración: 330

Lasaña de espinacas

Ingredientes para 4 personas:

1 paquete de hojas para lasaña
2 cucharadas de mantequilla
1 cebolla pequeña, picada
1 diente de ajo picado
100 g de champiñones (hongos) fileteados
400 g de tomate (jitomate) triturado, de lata
2 cucharadas de concentrado de tomate (jitomate)
2 cucharadas de vino tinto
1 cucharada de orégano picado
1 cucharada de albahaca picada
1 cucharada de azúcar moreno
1 cucharada de queso parmesano
250 g de queso ricotta
1 clara de huevo
250 g de espinacas blanqueadas y picadas
125 g de mozzarella en rodajas
Sal y pimienta

Caliente la mantequilla en una sartén y sofría la cebolla junto con el ajo y los champiñones durante 5 minutos. Agregue los tomates, el concentrado, el vino, el orégano, la albahaca, el azúcar y sal y pimienta. Cocine durante 15 minutos, revolviendo de vez en cuando, y añada el queso parmesano.

Mientras tanto, cocine la lasaña en abundante agua hirviendo con sal, hasta que esté "al dente". Deje escurrir sobre un paño.

En un cuenco, mezcle el queso ricotta con la clara de huevo y las espinacas.

A continuación, vierta un poco de salsa en una fuente y cúbrala con una capa de lasaña. Cúbrala con la mezcla de espinacas y rodajas de queso mozzarella. Ponga otra capa de lasaña encima las espinacas y el queso y por último otra capa de lasaña. Cubra la pasta con la salsa de champiñones e introduzca la fuente en el horno, precalentado a 180° C (350° F), durante unos 25 minutos.

Tiempo de realización: 50 minutos	Calorías por ración: 458

Lazos a la albahaca

Ingredientes para 4 personas:

400 g de lazos (mariposas, caracoles, etc.) de pasta
Unas hojas de albahaca
2 dientes de ajo
5 cucharadas de aceite
25 g de almendras picadas
100 g de queso azul (Cabrales, Roquefort)
50 g de queso rallado
Sal

Cocine la pasta en abundante agua hirviendo con sal, hasta que esté "al dente". Escurra y reserve.

Mientras tanto, vierta todos los ingredientes restantes en una batidora y mézclelos bien.

Cuando la pasta esté cocinada y escurrida, agréguele la crema preparada, revuélvalo todo bien y sirva.

Para esta salsa utilice aceite de oliva, si dispone de él, pues le dará un delicioso sabor. Si lo desea, puede sustituir las almendras por otro fruto seco de su gusto.

Tiempo de realización: 15 minutos — **Calorías por ración: 462**

Fideuá

Ingredientes para 6 personas:

✓ *600 g de fideos medios o gruesos*
✓ *3 cucharadas de aceite de oliva*
✓ *6 cigalas (langostinos)*
✓ *350 g de gambas (camarones)*
✓ *250 g de chipirones (o calamares pequeños)*
✓ *200 g de tomate (jitomate) al natural, triturado*
✓ *1 1/2 l de caldo de pescado*
✓ *Un trocito de guindilla (ají, chile)*
✓ *3 dientes de ajo*
✓ *Una ramita de perejil*
✓ *Sal*

1

2

3

Caliente el aceite en una paella al fuego, añada las cigalas y las gambas (1) y saltéelas; retírelas, incorpore los chipirones limpios y cortados en aros y sofríalos.

A continuación, retire los chipirones de la paella, vierta en ésta el tomate y fríalo.

Incorpore el caldo de pescado (2), la guindilla y los ajos, previamente machacados en un mortero, junto con el perejil, sazone con un poco de sal y deje que cuezan durante unos minutos. Por último, agregue los fideos (3), los chipirones, las gambas, a las que habrá retirado las cabezas y las cigalas, y continúe la cocción hasta que los fideos estén en su punto y el líquido de cocción se haya consumido.

Tiempo de realización: 40 minutos	Calorías por ración: 366

Ravioli a la nata

Ingredientes para 4 personas:

400 g de ravioli o cualquier otra pasta similar
3 cucharadas de mantequilla
150 ml de nata (crema de leche) líquida
Unas hojitas de estragón fresco, picado
60 g de queso parmesano rallado
Sal y pimienta

Cocine los ravioli en abundante agua hirviendo con sal, hasta que estén "al dente".

Mientras tanto, ponga la mantequilla en una cazuela pequeña al fuego, junto con la nata y el estragón y caliente a fuego lento, sin dejar de revolver. Sazone con sal y pimienta.

Cuando la pasta esté lista, escúrrala y póngala en una fuente. Agregue la crema preparada, revuelva bien, espolvoree con el queso rallado y sirva.

> Si no está familiarizado o no le gusta el sabor que da el estragón, puede sustituirlo con otro aroma, bien de una hierba, como por ejemplo, cilantro, o una especia como curry, nuez moscada, etc.

Tiempo de realización: 15 minutos	Calorías por ración: 479

Tortellini a la provenzal

Ingredientes para 4 personas:

400 g de tortellini
4 cucharadas de aceite
4 dientes de ajo picados
1 cebolla picada
1/2 pimiento (pimentón) rojo, picado
1/2 pimiento (pimentón) verde, picado
1 cucharadita de pimentón (color) en polvo
1 vaso de vino blanco seco
5 cucharadas de puré de tomate (jitomate)
1 manojo de perejil picado
12 almendras picadas
Sal

Cocine los tortellini en abundante agua hirviendo con sal, hasta que estén "al dente".

Mientras tanto, caliente el aceite en una sartén al fuego y rehogue los dientes de ajo y la cebolla hasta que estén transparentes. Incorpore los pimientos rojo y verde y continúe rehogando durante 10 minutos más.

A continuación, agregue el pimentón, déle unas vueltas y riegue con el vino. Cuando éste se evapore ligeramente, añada el puré de tomate y el perejil picado y cocine unos minutos. Incorpore las almendras, rectifique la sazón, mezcle y aparte del fuego, reservando al calor.

Cuando la pasta esté cocinada, escúrrala, mézclela con la salsa preparada y sirva bien caliente.

Es importante revolver el pimentón constantemente hasta que se agregue el vino, pues si no, se quemaría y daría un sabor desagradable al guiso.

Tiempo de realización: 20 minutos	Calorías por ración: 448

Macarrones con vegetales

Ingredientes para 4 personas:

300 g de macarrones
3 cucharadas de aceite
1 berenjena cortada en cuadraditos
2 calabacines (calabacitas, chauchitas, zucchini), cortados en cuadraditos
2 pimientos (pimentones) morrones (de lata), cortados en cuadraditos
1 diente de ajo fileteado
1 cucharada de perejil picado
1 cucharada de orégano picado
1 cucharada de tomillo picado
1 cucharada de hinojo picado
2 tazas de caldo de pollo
1 taza de jugo de tomate (jitomate)
Sal y pimienta

Caliente el aceite en una sartén grande. Agregue las verduras, el perejil y las especias y cocine tapado, a fuego lento, durante 25 minutos. Sazone con sal y pimienta.

Mientras tanto, ponga en una cazuela el caldo junto con el tomate y agua, y cuando hierva, añada los macarrones y cocine hasta que estén "al dente".

Por último, escurra los macarrones, agrégueles la salsa preparada y un poquito del caldo de cocción, revuélvalo todo y sírvalos bien calientes.

Tiempo de realización: 25 minutos	Calorías por ración: 273

Tallarines con pollo y perejil

Ingredientes para 4 personas:
300 g de tallarines (cintas, espaguetis)
2 cucharadas de mantequilla
1 cebolla pequeña, picada
250 g de pechuga de pollo cortada en trocitos
1 trocito de jengibre picado
La ralladura de 1/2 limón
1 cucharadita de azúcar
1 cucharada de perejil fresco, picado
1/2 taza de caldo
Sal y pimienta negra recién molida

Cocine la pasta en abundante agua hirviendo con sal, hasta que esté "al dente".

Mientras tanto, derrita la mantequilla y rehogue la cebolla hasta que esté transparente. Agregue el pollo, el jengibre, la ralladura de limón y el azúcar, y fría todo junto hasta que la pechuga esté dorada.

A continuación, incorpore los ingredientes restantes y cocine hasta que la pechuga esté tierna.

Cuando la pasta esté cocinada, escúrrala y mézclela con la salsa preparada. Cocine todo junto un par de minutos, sin dejar de revolver y sírvalo bien caliente.

Tiempo de realización: 20 minutos	Calorías por ración: 243

Lasaña de marisco

Ingredientes para 6 personas:

- ✓ *1 paquete de lasaña verde precocinada*
- ✓ *200 g de langostinos pelados y cortados en trocitos*
- ✓ *200 g de gambas (camarones) peladas y cortadas en trocitos*
- ✓ *250 g de rape cortado en trocitos*
- ✓ *3 cucharadas de aceite*
- ✓ *1 cebolla picada*
- ✓ *1 diente de ajo picado*
- ✓ *250 g de tomate (jitomate) triturado*
- ✓ *2 cucharadas de brandy*
- ✓ *1 cucharada de perejil picado*
- ✓ *2 cucharadas de pan rallado*
- ✓ *2 tazas de salsa bechamel*
- ✓ *2 cucharadas de queso rallado*
- ✓ *2 cucharadas de mantequilla*
- ✓ *Sal y pimienta*

1

2

3

Caliente el aceite en una sartén al fuego y rehogue la cebolla y el ajo. Añada el tomate **(1)** y cocine 10 minutos. Agregue el pescado y los mariscos junto con el brandy, el perejil, sal y pimienta y cocine 5 minutos más. Incorpore el pan rallado, revuelva y reserve.

Prepare la bechamel utilizando un poco de caldo de pescado **(2)**.

A continuación, cubra el fondo de una fuente refractaria con el preparado de tomate y mariscos. Cubra con hojas de lasaña **(3)**, rocíe con bechamel y repita la operación, terminando con bechamel. Espolvoree con el queso rallado, distribuya la mantequilla por encima e introduzca en el horno con el gratinador encendido hasta que la superficie esté dorada.

Tiempo de realización: 45 minutos	Calorías por ración: 457

Macarrones con coliflor

Ingredientes para 4 personas:

300 g de macarrones
1 coliflor (brécol, brócoli) cortada en ramitos
2 cucharadas de mantequilla
1 cucharada de harina
350 ml de leche
2 cucharadas de mostaza
75 g de queso rallado
Sal y pimienta

Cocine la coliflor en agua con sal hasta que esté tierna. Escúrrala y resérvela.

Mientras tanto, cocine los macarrones en abundante agua hirviendo con sal, hasta que estén "al dente". Escúrralos y resérvelos.

A continuación, caliente la mantequilla en una sartén y dore la harina. Agregue la leche sin dejar de revolver y cocine hasta que espese ligeramente.

Seguidamente, incorpore la mostaza y el queso y continúe la cocción durante unos minutos. Sazone con sal y pimienta.

Por último, mezcle los macarrones con la coliflor y la salsa preparada, revolviendo todo bien y sírvalos calientes.

> Para que la coliflor no desprenda tanto su olor característico al cocer, puede incorporar, cuando el agua comience a hervir, un trozo de miga de pan empapado en vinagre.

Tiempo de realización: 40 minutos	Calorías por ración: 350

Caracolas a la siciliana

Ingredientes para 4 personas:

300 g de caracolas, lazos o cualquier otra pasta
4 cucharadas de aceite
2 dientes de ajo picados
1 pimiento (pimentón) verde, picado
1 guindilla (ají, chile jalapeño) fresca, sin venas ni semillas, picada
200 g de langostinos (camarones) pelados
2 cucharadas de vermut blanco seco
1 cucharada de perejil picado
Sal y pimienta negra

Cocine la pasta en abundante agua hirviendo con sal y una cucharada de aceite hasta que esté "al dente".

Mientras tanto, caliente el aceite restante y sofría los ajos hasta que se doren. Agregue el pimiento y la guindilla y cocine a fuego bajo durante un minuto. Añada los langostinos y el vermut y cocine 2 minutos más. Sazone con sal y pimienta y reserve al calor.

A continuación, escurra la pasta, mézclela con la salsa de langostinos preparada, espolvoréela con el perejil y sírvala.

Si quiere que la pasta tome el sabor de los ajos sin encontrárselos al comerla, prénselos con un prensaajos o macháquelos en el mortero antes de freírlos. Quedarán prácticamente invisibles.

Tiempo de realización: 15 minutos	Calorías por ración: 331

Tallarines en salsa de nueces

Ingredientes para 4 personas:
350 g de tallarines verdes (cintas, espaguetis)
100 g de nueces peladas
25 g de mantequilla ablandada
1 diente de ajo picado
150 g de nata (crema de leche) líquida
150 g de queso rallado
Sal y pimienta

Cocine la pasta en abundante agua hirviendo con sal, hasta que esté "al dente".

Mientras tanto, vierta las nueces en la batidora junto con la mantequilla, el ajo, la nata, sal y pimienta y mezcle todo bien, triturando las nueces.

Cuando la pasta esté cocinada, escúrrala y mézclela con la salsa preparada. Cocine todo junto durante 2 minutos, para que se combinen bien los sabores y sírvala espolvoreada con el queso rallado.

> Si dispone de microondas, caliente en él la pasta antes de servirla. En caso contrario, hágalo en una sartén antiadherente o en una cacerola de fondo grueso.

Tiempo de realización: 20 minutos	Calorías por ración: 400

Lasaña boloñesa

Ingredientes para 6 personas:
300 g de hojas de pasta para lasaña
500 g de carne picada
1 cucharada de aceite
3 cucharadas de mantequilla
2 dientes de ajo
1 cebolla
1/2 vaso de vino blanco seco
200 g de champiñones
1 zanahoria picada
400 g de tomate (jitomate) triturado, de lata
2 tazas de salsa bechamel
75 g de queso parmesano rallado
Orégano picado
Sal y pimienta

Cocine la pasta en abundante agua hirviendo con sal, hasta que esté "al dente". Deje escurrir sobre un paño.

Mientras tanto, caliente en una sartén el aceite y una cucharada de mantequilla y sofría, a fuego bajo, la cebolla y los ajos picados durante 10 minutos.

A continuación, incorpore la carne, el vino, los champiñones y la zanahoria, sazone con el orégano, sal y pimienta y cocine durante 10 minutos. Agregue el tomate y continúe cocinando 5 minutos más.

Seguidamente, engrase con mantequilla el fondo de una fuente y extienda una capa de pasta. Cubra con parte de la salsa de carne y unas cucharadas de bechamel y espolvoree con el queso. Repita la operación y, sobre la última capa, distribuya la mantequilla restante, espolvoree de nuevo con queso e introduzca la fuente en el horno, hasta que la superficie se dore ligeramente. Decórela al gusto y sírvala.

Tiempo de realización: 40 minutos | **Calorías por ración: 524**

Empanadillas

Ingredientes para 6 personas:
Para la masa:
✓ *300 g de harina*
✓ *1 huevo*
✓ *6 cucharadas de leche*
✓ *6 cucharadas de aceite*
✓ *Sal*

1

Para el relleno:
✓ *3 cucharadas de aceite*
✓ *1 cebolla picada*
✓ *400 g de carne de vaca (res) picada*
✓ *2 cucharadas de vino blanco seco*
✓ *6 cucharadas de tomate (jitomate) frito*
✓ *Sal*

2

Ponga la harina en un recipiente, haga un hueco en el centro y vierta en él los ingredientes restantes. Mezcle hasta obtener una masa, trabaje con las manos, tape con un paño **(1)** y deje reposar 30 minutos.

Mientras tanto, caliente el aceite y rehogue la cebolla. Añada la carne y fría a fuego vivo hasta que esté suelta. Incorpore el vino, cocine un par de minutos, agregue el tomate **(2)** y sale. Revuelva bien y cocine unos minutos.

3

A continuación, extienda la masa con el rodillo, dejándola muy fina, corte redondeles y reparta el relleno. Doble la masa y forme las empanadillas **(3)**. Apriete los bordes con un tenedor para que queden bien pegados.

Por último, fría las empanadillas en abundante aceite caliente. Sírvalas con ensalada como acompañamiento.

Tiempo de realización: 45 minutos	Calorías por ración: 494

Pizza ranchera

Ingredientes para 6 personas:

Para la masa:

400 g de harina
2/3 de taza de agua templada
1 cucharada de levadura prensada
1/4 de taza de aceite
Sal

Para el relleno:

4 cucharadas de aceite
1 cebolla pequeña, picada
2 dientes de ajo picados
300 g de carne de cerdo (cochino, chancho) picada
400 g de tomate (jitomate) frito
1 guindilla (ají, chile) picada (opcional)
1 cucharadita de pimentón (color) en polvo
100 g de queso mozzarella
1 cucharada de orégano
Sal

Diluya la levadura en el agua con un poquito de sal. Ponga la harina en un cuenco, agregue la mezcla de levadura y el aceite y trabaje con las manos hasta conseguir una masa homogénea. Extiéndala dándole forma redonda y colóquela sobre una bandeja de horno.

A continuación, caliente el aceite y rehogue la cebolla y los ajos. Añada la carne y saltee hasta que esté suelta. Incorpore el tomate frito, la guindilla, el pimentón y sal, mezcle todo bien, cocine un par de minutos y déjelo enfriar.

Seguidamente, cubra la pizza con el relleno, ponga encima el queso y espolvoree con el orégano.

Por último, introdúzcala en el horno, precalentado a 180° C (350° F), durante 25 o 30 minutos. Sirva guacamole como acompañamiento.

Tiempo de realización: 50 minutos **Calorías por ración: 581**

Lazos a la marinera

Ingredientes para 4 personas:
300 g de lazos (o cualquier otra pasta)
3 cucharadas de aceite
3 dientes de ajo picados
250 g de tomates (jitomates) triturados
6-7 filetes de anchoa en aceite, cortados en trocitos
1 cucharada de perejil picado
Sal y pimienta

Cocine la pasta en abundante agua hirviendo con sal, hasta que esté "al dente".

Mientras tanto, caliente el aceite y sofría los ajos. Agregue los tomates y cocine durante 10 minutos. Incorpore las anchoas, cocine un par de minutos y sazone con sal y pimienta.

A continuación, escurra la pasta y mézclela con la salsa preparada. Espolvoree con el perejil picado y sírvala bien caliente.

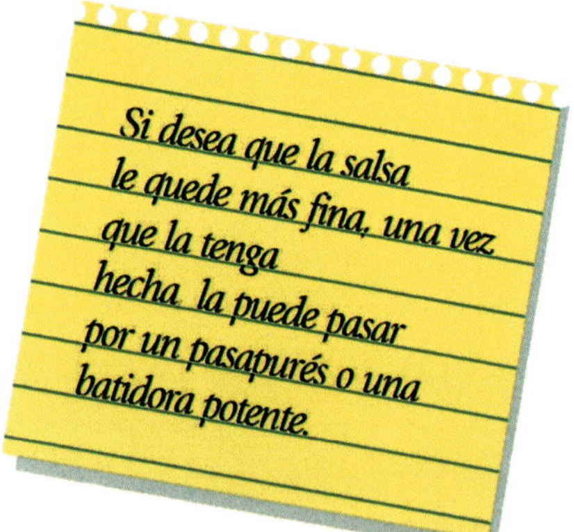

Tiempo de realización: 15 minutos	Calorías por ración: 233

Fideos con mejillones

Ingredientes para 4 personas:
300 g de fideos (espaguetis) gruesos
3 kg de mejillones (choro, moule)
5 cucharadas de aceite
1 cebolla picada
2 dientes de ajo picados
350 g de tomates (jitomates) pelados y picados
1 vasito de vino blanco seco
Perejil
Sal

Limpie bien los mejillones, póngalos en una cazuela grande con 2 vasos de agua y cocínelos a fuego fuerte para que se abran. Retire las valvas y reserve los mejillones.

A continuación, caliente el aceite en una cazuela al fuego y sofría la cebolla y los ajos. Agregue los tomates y cocine durante 10 minutos. Incorpore el vino blanco, el caldo de cocción de los mejillones, previamente colado y un poco de agua.

Seguidamente, añada los mejillones reservados y los fideos. Sazone al gusto y cocine durante 5 minutos, revolviendo hasta que los fideos estén "al dente".

Por último, adórnelos con el perejil y sírvalos.

Si lo desea, puede preparar este plato con mejillones congelados, sin cáscara, utilizando caldo de pescado para sustituir el de la cocción de los mejillones.

Tiempo de realización: 25 minutos	Calorías por ración: 366

Lazos con carne

Ingredientes para 4 personas:

300 g de lazos (o cualquier otra pasta)
2 cucharadas de aceite
2 dientes de ajo picados
1 cebolla pequeña, picada
1/2 pimiento (pimentón) rojo, picado
1 cucharada de harina
200 g de tomate (jitomate) triturado
400 g de carne de cerdo (cochino, chancho) picada
1 pastilla de caldo de carne, picada
1/2 taza de agua
La ralladura de 1 naranja
Sal y pimienta

Caliente el aceite en una sartén grande al fuego y sofría los ajos, la cebolla y el pimiento durante 5 minutos.

A continuación, agregue la harina, revuelva e incorpore el tomate, la carne, la pastilla de caldo y el agua. Mezcle todo bien y cocine a fuego lento durante 15 minutos. Añada la ralladura de naranja y rectifique la sazón.

Mientras tanto, cocine la pasta en abundante agua hirviendo con sal, hasta que esté "al dente". Escurra y reserve.

Por último, reparta la pasta en 4 platos. Ponga encima la salsa preparada y sírvalos enseguida.

Si desea que el plato le quede con más colorido, puede poner pimiento rojo y verde, sustituyendo parte del rojo.

Tiempo de realización: 25 minutos	Calorías por ración: 356

Pizza napolitana

Ingredientes para 4 personas:

✓ *2 bases de pizza (ver pág. 62)*
✓ *2 cucharadas de aceite*
✓ *1 diente de ajo picado*
✓ *1 cebolla picada*
✓ *500 g de tomate (jitomate) triturado*
✓ *1 cucharada de orégano molido*
✓ *150 g de queso mozzarella, cortado en trocitos*
✓ *1 lata de filetes de anchoa en aceite*
✓ *10-12 aceitunas (olivas) negras*
✓ *Sal y pimienta*

Caliente el aceite en una sartén y rehogue el ajo y la cebolla a fuego lento hasta que estén transparentes.

A continuación, agregue el tomate triturado y fría durante 10 minutos **(1)**. Incorpore la mitad del orégano, sazone con sal y pimienta al gusto, retire del fuego y reserve.

Seguidamente, coloque las bases de masa de pizza en bandejas de horno y reparta sobre ellas el sofrito preparado **(2)**. Ponga por encima el queso mozzarella, espolvoree con el orégano restante **(3)** y sobre éste coloque las anchoas y las aceitunas.

Introdúzcalas en el horno, precalentado a 180° C (350° F), durante 25 o 30 minutos. Sirva bien calientes.

1

2

3

Tiempo de realización: 50 minutos	Calorías por ración: 613

Ensalada de coditos

Ingredientes para 4 personas:

350 g de coditos
2 tomates (jitomates) maduros, pelados y picados
1 cucharada de albahaca fresca, picada
100 g de atún (tuna) en aceite
1 cucharada de alcaparras
1 pimiento (pimentón) rojo de lata, cortado en trocitos
1 cucharadita de mostaza
6 cucharadas de aceite
1 cucharada de vinagre
1 cucharada de perejil fresco picado
Sal

Cocine la pasta en abundante agua hirviendo con sal, hasta que esté "al dente".

Mientras tanto, prepare todos los ingredientes restantes.

A continuación, escurra la pasta y viértala en una ensaladera. Agréguele los tomates, la albahaca, el atún, las alcaparras y el pimiento y revuelva todo bien.

Seguidamente, mezcle en un recipiente la mostaza, el aceite y el vinagre. Sazone y vierta esta salsa sobre la ensalada. Mézclelo todo bien y deje enfriar.

Por último, espolvoree con el perejil picado y sírvala.

Antes de servir la ensalada, revuélvala bien, pues al estar en reposo, el aceite y el vinagre se irán al fondo de la ensaladera, quedándose la pasta de la superficie más seca que el resto.

Tiempo de realización: 20 minutos	Calorías por ración: 400

Tallarines con salsa de gambas

Ingredientes para 4 personas:

400 g de tallarines (cintas, espaguetis)
2 cucharadas de aceite
1 diente de ajo picado
200 g de tomate (jitomate) frito
3 cucharadas de vino tinto
1 cucharada de perejil picado
1/2 cucharadita de azúcar
1/2 cucharadita de estragón seco, picado
250 g de gambas (camarones) pelados
Sal y pimienta

Cocine la pasta en abundante agua hirviendo con sal, hasta que esté "al dente".

Mientras tanto, caliente el aceite en una sartén y sofría el ajo. Agregue todos los ingredientes restantes, excepto las gambas, y cocine durante 2 o 3 minutos.

A continuación, incorpore las gambas, sazone con sal y pimienta y cocine durante 2 o 3 minutos más.

Por último, escurra bien la pasta, mézclela con la salsa preparada y sírvala bien caliente.

> Si cuece previamente las cáscaras y las cabezas de las gambas y utiliza este agua para cocinar la pasta, los tallarines tomarán un delicioso sabor a marisco.

Tiempo de realización: 15 minutos	Calorías por ración: 321

Pasta con acelgas

Ingredientes para 4 personas:
400 g de pasta (caracolas, lazos, mariposas, etc.)
2 cucharadas de aceite
1 diente de ajo picado
100 g de jamón cortado en cuadraditos
500 g de acelgas picadas
5 cucharadas de nata (crema de leche) líquida
4 cucharadas de queso rallado
Sal y pimienta

Cocine la pasta en abundante agua hirviendo, con sal, hasta que esté "al dente".

Mientras tanto, caliente el aceite y sofría el ajo. Agregue el jamón y las acelgas y cocine a fuego lento durante 10 minutos, hasta que las acelgas estén tiernas. Incorpore la nata, sazone con sal y pimienta y cocine 5 minutos más.

Cuando la pasta esté cocinada, escúrrala y vierta en una fuente de servir. Cúbrala con las acelgas preparadas, espolvoree por encima el queso y sírvala bien caliente.

Puede sustituir las acelgas por espinacas frescas o congeladas; en este caso, una vez descongeladas, píquelas lo más menudas posible y proceda como con las acelgas. Si lo desea, puede agregarles unas uvas pasas.

Tiempo de realización: 20 minutos | Calorías por ración: 400

Lazos a la remolacha

Ingredientes para 4 personas:

350 g de lazos (o cualquier otra pasta)
1 remolacha pelada y cortada en trozos
1 1/2 l de agua
4 cucharadas de aceite
1 diente de ajo picado
50 g de queso parmesano rallado
1 cucharada de perejil picado
Sal

Cocine la remolacha en el agua hirviendo, con sal, hasta que haya soltado el color. Retire la remolacha y, en el agua coloreada de cocinarla, cocine la pasta hasta que esté "al dente".

Mientras tanto, caliente el aceite y fría el ajo.

Cuando la pasta esté cocinada, escúrrala y mézclela con el ajo frito. Espolvoree el queso y el perejil y sírvala, adornada si lo desea, con la remolacha cocinada.

> Si quiere que la pasta tome más color, deje la remolacha en el agua durante la cocción. Puede agregar alguna otra hierba picada, a su gusto, para adornarla.

Tiempo de realización: 20 minutos	Calorías por ración: 305

Cazuela de fideos

Ingredientes para 4 personas:

✓ *300 g de fideos gruesos*
✓ *4 cucharadas de aceite*
✓ *1 cebolla picada*
✓ *1 pimiento (pimentón) verde, cortado en trozos*
✓ *150 g de tomate (jitomate) triturado*
✓ *300 g de almejas (pepitonas) bien lavadas*
✓ *1 diente de ajo*
✓ *2 ramitas de perejil*
✓ *Unas hebras de azafrán (camotillo, cúrcuma, yuquillo)*
✓ *2 ramitas de hierbabuena*
✓ *1 copa de vino blanco*
✓ *1 hoja de laurel*
✓ *Sal*

1

2

3

Caliente el aceite en una cacerola al fuego y rehogue la cebolla hasta que esté transparente.

Añada el pimiento, sofría unos minutos, agregue el tomate y cocine 10 minutos **(1)**. Incorpore las almejas y revuelva todo bien **(2)**.

Machaque en el mortero el ajo junto con el perejil, el azafrán y la hierbabuena. Agregue el vino, revuelva e incorpórelo a la cacerola.

Por último, añada los fideos y el laurel, sazone y agregue agua para que los fideos queden cubiertos **(3)**. Tape y cocine hasta que los fideos estén "al dente".

Tiempo de realización: 35 minutos — Calorías por ración: 337

Tallarines con higaditos

Ingredientes para 4 personas:

400 g de tallarines (espaguetis, fideos)
4 cucharadas de aceite
1 cebolla picada
4 tomates (jitomates) pelados y picados
1/2 vasito de vino tinto
300 g de higaditos (menudencias) de pollo
100 ml de nata (crema de leche) líquida
50 g de mantequilla
4 cucharadas de queso rallado
1 cucharada de perejil picado
Sal y pimienta

Cocine la pasta en abundante agua hirviendo con sal, hasta que esté "al dente". Escurra y reserve.

Mientras tanto, caliente el aceite en una sartén y sofría la cebolla hasta que esté transparente. Agregue los tomates y el vino y cocine durante 10 minutos. Añada los higaditos troceados y la nata, revuelva bien, sazone con sal y pimienta y fría todo junto durante 5 minutos más.

Por último, vierta la pasta escurrida en una fuente grande. Añada la mantequilla cortada en trocitos y revuelva bien. Incorpore la salsa preparada y, antes de servir, espolvoree por encima el queso y el perejil.

Puede poner el queso aparte para que cada comensal se lo sirva en su plato. De este modo evitará que la pasta se pegue entre sí y se apelmace.

Tiempo de realización: 25 minutos	Calorías por ración: 516

Macarrones con queso y tomate

Ingredientes para 4 personas:

400 g de macarrones
3 cucharadas de mantequilla
1 cebolla pequeña, picada
2 cucharadas de harina
1/4 de cucharadita de sal de apio
2 tazas de leche
6 rodajas de tomate (jitomate)
6 rodajas de pimiento (pimentón) verde
3 cucharadas de pimiento (pimentón) rojo, picado
150 g de queso fundente, en lonchas
3 cucharadas de queso rallado
Sal y pimienta

Cocine los macarrones en abundante agua hirviendo con sal, hasta que estén "al dente".

Mientras tanto, caliente la mantequilla y rehogue la cebolla hasta que esté transparente. Agregue la harina y la sal de apio, sofría ligeramente e incorpore la leche, sin dejar de revolver. Sazone con sal y pimienta.

A continuación, escurra la pasta, mézclela con la salsa preparada y vierta en una fuente refractaria. Cúbrala con los tomates, los pimientos y el queso fundente. Espolvoree el queso rallado por toda la superficie e introduzca la fuente en el horno, precalentado a 180° C (350° F), durante 10 minutos. Sírvala bien caliente.

Tiempo de realización: 30 minutos	Calorías por ración: 460

Lazos con morcilla

Ingredientes para 4 personas:
300 g de lazos (o cualquier otra pasta)
4 cucharadas de aceite
2 morcillas de cebolla, sin piel y desmenuzadas
1 cucharada de albahaca fresca, picada
60 g de queso parmesano rallado
Sal

Cocine la pasta en abundante agua hirviendo con sal, hasta que esté "al dente".

Mientras tanto, caliente el aceite en una sartén y fría las morcillas desmenuzadas, durante unos minutos, sin dejar de revolver.

Cuando la pasta esté cocinada, escúrrala, mézclela con las morcillas preparadas, espolvoree la albahaca y el queso por encima y sírvala bien caliente.

Para preparar esta receta puede utilizar también chorizo picado, paté o higaditos de pollo picados. Si no tiene albahaca, utilice orégano u otra hierba a su gusto.

Tiempo de realización: 15 minutos	Calorías por ración: 520

Tortellini con tomate

Ingredientes para 4 personas:

250 g de tortellini
3 cucharadas de aceite
1 cebolla pequeña, picada
1 diente de ajo picado
500 g de tomate (jitomate) triturado
1 cucharadita de orégano picado
1 hoja de laurel picada
1 cucharada de albahaca picada
1 cucharada de perejil picado
100 g de queso rallado
Sal

Cocine los tortellini en abundante agua hirviendo con sal, hasta que estén "al dente".

Mientras tanto, caliente el aceite y rehogue la cebolla y el ajo hasta que estén transparentes. Incorpore el tomate y las hierbas, sazone y cocine durante 10 minutos.

A continuación, escurra la pasta, mézclela con la salsa preparada, espolvoree por encima el queso y sírvala bien caliente.

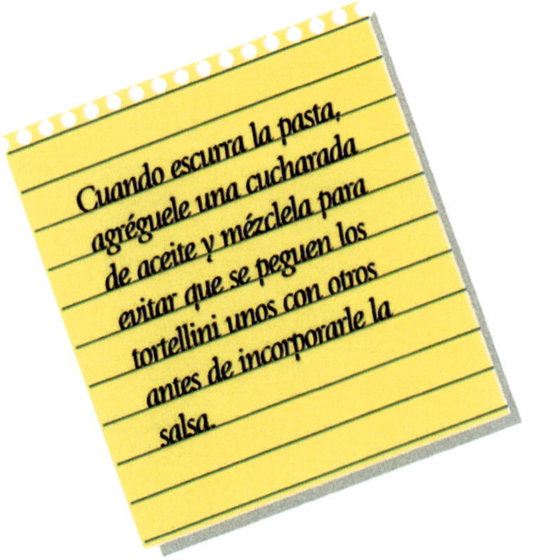

Tiempo de realización: 15 minutos	Calorías por ración: 418

Canelones de carne

Ingredientes para 6 personas:

- ✓ *24 canelones*
- ✓ *2 cucharadas de aceite*
- ✓ *1 cebolla pequeña, picada*
- ✓ *200 g de carne de vaca (res) picada*
- ✓ *100 g de jamón picado*
- ✓ *200 g de tomate (jitomate) frito*
- ✓ *3 tazas de bechamel clarita*
- ✓ *50 g de queso rallado*
- ✓ *Sal*

1

Caliente el aceite y rehogue la cebolla hasta que esté transparente.

A continuación, incorpore la carne y sofría durante unos minutos **(1)**.

Agregue el jamón y cocine hasta que la carne esté bien suelta y dorada. Añada el tomate, sazone y reserve.

2

Seguidamente, cocine los canelones en agua hirviendo con sal, durante 10 minutos. Refrésquelos en agua fría y colóquelos sobre un paño.

Por último, reparta el relleno de carne sobre ellos **(2)**, enróllelos sobre sí mismos y colóquelos en una fuente refractaria engrasada. Cúbralos con la bechamel **(3)**, espolvoree el queso e introdúzcalos en el horno, precalentado a 180° C (350° F), hasta que la superficie esté dorada.

3

Tiempo de realización: 1 hora	Calorías por ración: 411

Lasaña vegetal

Ingredientes para 6 personas:
300 g de hojas de pasta para lasaña
4 cucharadas de aceite
1 cebolla finamente picada
2 calabacines (hocos, zapallitos), picados
500 g de tomates (jitomates) picados
1 berenjena picada
1 cucharadita de orégano molido
2 cucharadas de mantequilla
2 cucharadas de harina
1 taza de caldo de verduras
1 taza de leche
3 cucharadas de queso gruyère rallado
5 nueces picadas
1 cucharada de cilantro picado
Sal y pimienta recién molida

Caliente el aceite en una sartén al fuego y cocine la cebolla hasta que esté transparente. Añada las verduras y cocine lentamente durante unos 30 minutos. Sazone con sal y pimienta, agregue el orégano, revuelva bien con una cuchara de madera, escurra el exceso de líquido y reserve.

A continuación, derrita la mantequilla en una cacerola al fuego, agregue la harina en forma de lluvia, déle unas vueltas con una cuchara e incorpore el caldo y la leche. Cocine a fuego lento sin dejar de mover hasta obtener una bechamel clara. Sazone con sal y pimienta.

Seguidamente, cocine la pasta en agua con sal, refrésquela en agua fría y arme la lasaña en una fuente, alternando capas de pasta, bechamel y verduras, y terminando con lasaña.

Por último, espolvoree por la superficie el queso, las nueces y el cilantro e introduzca la fuente en el horno, precalentado a 180° C (350° F), hasta que la superficie esté dorada.

Tiempo de realización: 1 hora	Calorías por ración: 340

Canelones de gambas y berenjenas

Ingredientes para 4 personas:
8 canelones grandes
300 g de berenjenas peladas
250 g de tomate (jitomate) natural, triturado
1 cebolla grande, picada
50 g de mantequilla
250 g de gambas (camarones)
2 huevos
250 g de requesón (quesito, ricotta)
1 cucharada de aceite
50 g de queso rallado
Sal y pimienta negra recién molida

Para la decoración:
12 gambas (camarones) cocidas y peladas
Perejil

Reduzca a puré las berenjenas, el tomate y la cebolla con la ayuda de una batidora. Caliente a fuego lento la mantequilla y una vez derretida, añada el puré preparado. Cocine durante 15 minutos, revolviendo de vez en cuando. Salpimente y reserve.

A continuación, saltee ligeramente las gambas en una sartén engrasada, retire del fuego, pélelas, córtelas en trozos y mézclelas con los huevos y el requesón. Salpimente y reserve el relleno.

Seguidamente, cocine los canelones en abundante agua con el aceite y sal, durante 12 o 15 minutos (o según indique el envase). Escúrralos, rellénelos con el preparado anterior y colóquelos en una bandeja de horno, sobre una capa de puré, cúbralos con el resto del mismo, espolvoree por encima el queso e introduzca en el horno, precalentado a 180° C (350° F), durante 20 minutos.

Por último, decore con el perejil y las gambas y sirva de inmediato.

Tiempo de realización: 1 hora	Calorías por ración: 434

ÍNDICE

SOPAS Y GUISOS

ARROCES

PASTA